BR Thomas Tremmel, Feuerwehr Ratingen
BD Dr. Ulrich Cimolino, BF Düsseldorf
Dr. med. Frank Naujoks, ÄLRD Kreis Offenbach

Massenanfall von Verletzten und Erkrankten (MANV)

Massenanfall von Verletzten und Erkrankten (MANV)

Reihe: Standard-Einsatz-Regeln
Herausgeber: Dr. Ulrich Cimolino

ecomed SICHERHEIT

Tremmel, Cimolino, Naujoks

Bibliografische Informationen der Deutschen Nationalbibliothek

Die Deutsche Nationalbibliothek verzeichnet diese Publikation in der Deutschen Nationalbibliografie; detaillierte bibliografische Daten sind im Internet über http://www.dnb.de abrufbar.

Bei der Herstellung des Werkes haben wir uns zukunftsbewusst für umweltverträgliche und wiederverwertbare Materialien entschieden.
Der Inhalt ist auf chlorfrei gebleichtes Papier gedruckt.

Nachweis der Titelbilder: Die Titelbilder wurden von Jürgen Truckenmüller (Düsseldorf), Thomas Tremmel (Ratingen) und der Feuerwehr Eversburg zur Verfügung gestellt.

ISBN 978-3-609-69798-7

E-Mail: kundenservice@ecomed-storck.de

Telefon: +49 89/2183-7922
Telefax: +49 89/2183-7620

www.ecomed-storck.de

Satz: abavo GmbH, 86807 Buchloe
Druck: Kessler Druck + Medien, 86399 Bobingen

Vorwort

Mit der Reihe zu „Standard-Einsatz-Regeln“[1] (SER) haben es sich Herausgeber und Autoren vorgenommen, auch im deutschen Sprachraum zusammen mit der Reihe „Einsatzpraxis“ inhaltlich aufeinander abgestimmte Feuerwehr-Fachbücher inkl. dazu passender Ausbildungs-CDs zu veröffentlichen.

Aufgrund der unterschiedlichen Struktur und Ausrüstung der verschiedenen Feuerwehren ist es nicht möglich, allgemeingültige und für alle passende Standard-Einsatz-Regeln zu veröffentlichen.

Die Broschüren der Reihe „Standard-Einsatz-Regeln“ sollen daher nach relativ kurzen[2] einleitenden Erklärungen zu den fachlichen Hintergründen des Themas einen Taktikbereich so allgemein beschreiben, dass er für alle Einheiten mit der dafür notwendigen Ausbildung und Ausrüstung auch anwendbar ist, dabei jedoch so detailliert sein, dass Verwechslungen bzw. Missverständnisse ausgeschlossen werden können.

„Massenanfall von Verletzten (MANV)“ umschreibt ein glücklicherweise eher seltenes, aber überall mögliches Einsatzgeschehen mit vielen Verletzten im Zuge verschiedener Einsatzszenarien. Dies kann im Umfeld einer Technischen Hilfeleistung, über die Brandbekämpfung, bis hin zur Beteiligung der Einsatzkräfte im Rahmen von anderen Erkrankungsszenarien – oder auch „nur“ bei der Räumung von Krankenhäusern oder Pflegeheimen unter ähnlichen Rahmenbedingungen geschehen.

Die „Schwelle“, ab wann ein Einsatz mit mehreren Verletzten bzw. Betroffenen in den Städten bzw. Kreisen jeweils ein „MANV“ wird bzw. wie ein solcher behandelt werden sollte, ist je nach konkreter Leistungsfähigkeit des örtlichen Rettungsdienstes sowie Entfernung und konkreter Aufnahmefähigkeit der Krankenhäuser unterschiedlich – und kann sich sehr schnell ändern.

[1] Aus dem amerikanischen Standard-Operations-Procedures (SOP) für die Buchreihe Einsatzpraxis und entsprechende Fachartikel „eingedeutscht“ (vgl. zu den SER: CIMOLINO et al., 2003; GRAEGER et al., 2003–2009).

[2] Es ist innerhalb der Reihe zu den SER unmöglich, alle Hintergrundinformationen ausführlich zu beschreiben. Hier sei auf die Buchreihe „Einsatzpraxis“ mit ausführlichen Erklärungen und Praxisbeispielen sowie auf die angegebene weiterführende Literatur verwiesen.

Gegebenenfalls muss daher auch spontan entschieden werden, das taktische Vorgehen zu ändern.

Allgemeine Hinweise zur Reihe sowie weitergehende Informationen zu den verschiedenen Heften und Autoren finden Sie auf unserer Homepage: www.standardeinsatzregel.org.

Die Inhalte dieser Empfehlung werden in folgenden Büchern der Reihe Einsatzpraxis (ecomed) weiter vertieft:

- Einsatz- und Abschnittsleitung: Graeger, 2003–2009
- Kommunikation im Einsatz: Cimolino, 2000–2008
- Führung in Großschadenslagen: Cimolino, 2010
- Technische Hilfeleistung bei Busunfällen: Cimolino, 2001

Weitere Informationen sowie Beispielvordrucke, z. B. für die Patientenerfassung und die Verteilung auf geeignete Kliniken, finden Sie im Einsatzleiterhandbuch, www.einsatzleiterhandbuch.org, im gleichen Verlag (vgl. Cimolino, 2015).

Die Autoren respektieren die Leistungen aller weiblichen Feuerwehrangehörigen. Frauen bereichern die Feuerwehren und ohne sie ist ein flächendeckendes Feuerwehrsystem auf weitgehend ehrenamtlicher Basis nicht zu erhalten. Im Sinne der Lesbarkeit haben wir auf die weibliche Form verzichtet, ohne damit den Eindruck erwecken zu wollen, dass „Feuerwehr“ Männersache sei. Als geschlechtsneutrale Abkürzung wird FA (für Feuerwehr-Angehörige) benutzt.

Wir bedanken uns für die Unterstützung bei den Vorarbeiten und der Erstellung bei

- Arvid Graeger, Düsseldorf
- Jürgen Truckenmüller, Düsseldorf

Ratingen, Düsseldorf und Langen,
im Dezember 2015

Thomas Tremmel,
Dr. Ulrich Cimolino,
Dr. Frank Naujoks

Inhalt

Vorwort 5

1 **Einleitung** 9

2 **Grundlagen** 10
2.1 Begriffe 10
2.2 Rechtsgrundlagen 10
2.3 Einsatzstruktur MANV-Einsatz 13
2.4 Ziele eines MANV-Einsatzes 14

3 **Vorplanungen** 16
3.1 Risikoanalyse – Einsatzplan MANV 16
3.2 Kommunikation 23
3.3 Zusammenarbeit mit Krankenhäusern 26
3.4 Checklisten 29
3.5 Ausbildung und Übung 37

4 **Einsatz** 43
4.1 Erkundung 43
4.2 Aufgaben 45
4.3 Einsatzstellenorganisation 62
4.4 Besondere Gefahren 65

5 **Anhang** 70
5.1 Glossar 70
5.2 Übersicht überörtlicher Konzepte für den Rettungsdienst in NRW 74
5.3 Beispiel für eine funktionsorientierte Checkliste 76

Abkürzungsverzeichnis 78

Literaturverzeichnis 80

1 Einleitung

Ein Massenanfall von Verletzten (MANV) wird als „*ein Notfall mit einer größeren Anzahl von Verletzten oder Erkrankten sowie anderen Geschädigten oder Betroffenen, der mit der vorhandenen und einsetzbaren Vorhaltung des Rettungsdienstes aus dem Rettungsdienstbereich nicht bewältigt werden kann*“ (DIN, 2009) definiert.

Der Aufgabenbereich des unmittelbaren MANV-Einsatzes beinhaltet dabei

- die Erfassung und Kategorisierung von Betroffenen,
- die Herstellung der Transportfähigkeit,
- den Transport in ein geeignetes Krankenhaus bzw.
- die Behandlung/Betreuung vor Ort sowie
- die Nachhaltung dieser Maßnahmen.

Die vorliegenden Standard-Einsatz-Regeln beschreiben Handlungshilfen zur Vorbereitung und Erfüllung dieser Aufgaben.

2 Grundlagen

2.1 Begriffe

Hier verwendete wichtige Begriffe und Definitionen werden im Anhang *(s. Kap. 5.1)* erklärt.

2.2 Rechtsgrundlagen

Im Sinne des Artikels 70 des Grundgesetzes fällt das Brandschutz-, Rettungsdienst- und Katastrophenschutzrecht in das Gesetzgebungsrecht der Länder. Demzufolge ist in jedem Land das jeweilige Rettungsdienst- bzw. Gefahrenabwehrrecht individuell zu betrachten. Am Beispiel von Nordrhein-Westfalen (NRW) werden im folgenden Kapitel die wichtigsten Rechtsgrundlagen für die Vorbereitung und Abarbeitung von MANV-Einsätzen vorgestellt.

Den Rettungsdienst, damit die Notfallrettung, den Krankentransport sowie die Versorgung einer größeren Anzahl Verletzter oder Kranker bei außergewöhnlichen Schadenereignissen, regelt in Nordrhein-Westfalen das Rettungsgesetz NRW.

Das Gesetz legt hier zunächst allgemein fest, dass in NRW der Rettungsdienst in Zusammenarbeit bzw. Unterstützung von Feuerwehren, den anerkannten Hilfsorganisationen, ggf. Unternehmern, den Katastrophenschutzbehörden, den Krankenhäusern und dem Öffentlichen Gesundheitsdienst durch die Kreise und kreisfreien Städte getragen wird.

Im § 12 des Rettungsgesetzes ist in Bezug auf MANV-Einsätze geregelt, dass die Kreise und kreisfreien Städte die Maßnahmen und Planungen für Vorkehrungen bei Schadenereignissen mit einer größeren Anzahl Kranker oder Verletzter festlegen.

Neben weiteren Regelungen – insbesondere für im MANV-Ereignis abzubildende Schnittstellen (z.B. Krankenhäuser, Leitstelle) – werden die Kreise und kreisfreien Städte im Rettungsgesetz NRW aufgefordert, Leitende Notärzte (LNA) und (optional) Organisatorische Leiter Rettungsdienst (OrgL) zu bestellen und deren Einsatz zu regeln.

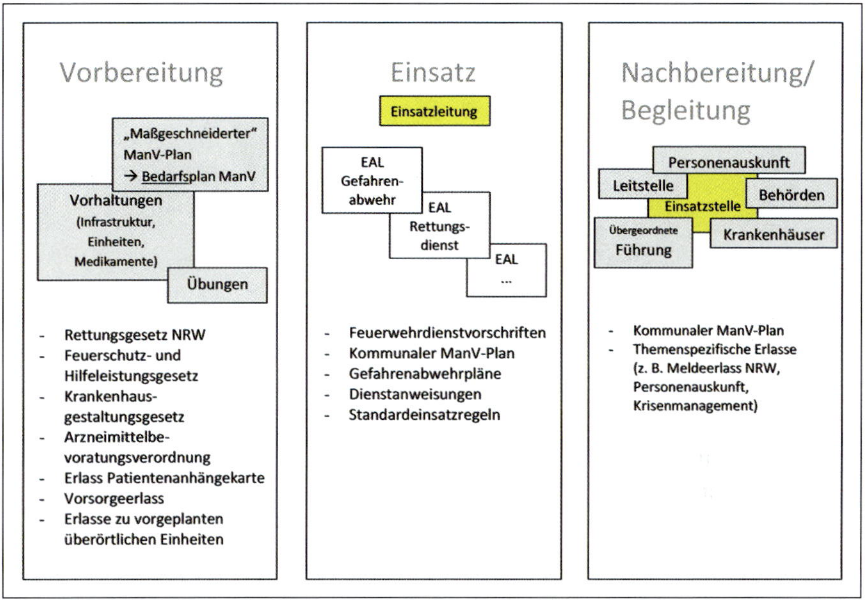

Abb. 2.2/1: Rechtsgrundlagen MANV-Einsatz am Beispiel NRW[1] (Grafik: Tremmel)

Hieraus resultieren Einsatzpläne für MANV-Einsätze in den Gebietskörperschaften, die die Funktionen und Vorhaltungen regeln und Organisation sowie Maßnahmen für ein MANV-Ereignis festschreiben.

Die erforderlichen Schnittstellen zu Krankenhäusern werden auch im Krankenhausrecht aufgegriffen. So regelt das Krankenhausgestaltungsgesetz NRW die Erfordernisse, die notwendigen Angaben für einen zentralen Bettennachweis zu machen, Vorplanungen für Großschadensereignisse zu treffen oder Medikamentenvorhaltungen auch für Großschadensereignisse zu regeln. Diese werden in der Arzneimittelbevorratungsverordnung NRW konkretisiert.

Auf Ebene der Erlasse existiert in NRW mit dem Vorsorgeerlass eine Handlungshilfe für die Vorplanungen der gesundheitlichen Vorsorge bei Großschadensereignissen. Mit der ebenfalls per Erlass geregelten Patientenanhän-

[1] Zum Zeitpunkt der Drucklegung gültige Regeln. Das FSHG beispielsweise soll in NRW durch das BHKG abgelöst werden.

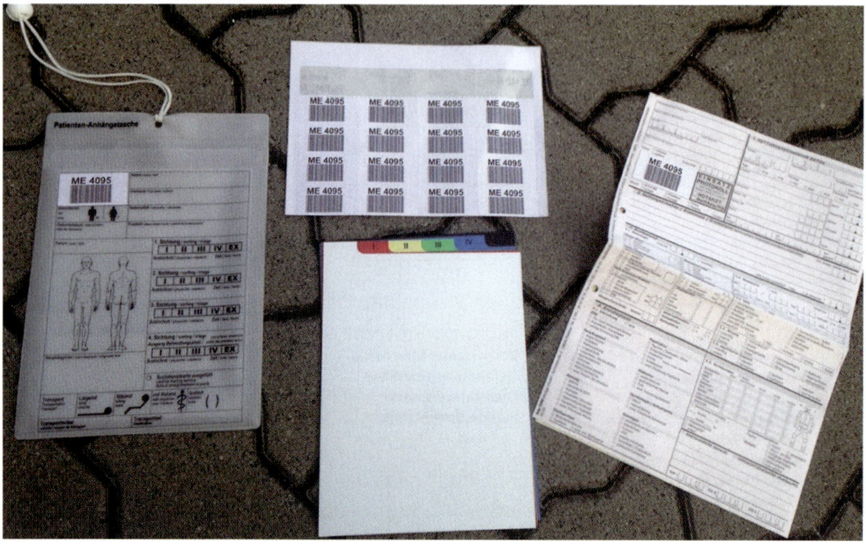

Abb. 2.2/2: Patientenanhängekarte mit Sichtungskennzeichnung, Patientenaufklebern und Rettungsdienstprotokoll[1] (Foto: Tremmel)

gekarte wird eine landeseinheitliche Vorgabe für Kennzeichnung, Erfassung und Dokumentation von Betroffenen festgelegt.

Das Land NRW hat ferner über Erlasse Einheiten vordefiniert, die die Kreise und kreisfreien Städte aufstellen müssen, um im MANV-Fall, der ja definitionsgemäß auch über die Überforderung des Regelrettungsdienstes charakterisiert ist, überörtlich – landesweit bekannte – Einheiten entsenden bzw. anfordern zu können. So sind beispielsweise Einsatzeinheiten, Schnelleinsatzgruppen, Behandlungs- oder Betreuungsplatzbereitschaften und Patiententransportzüge per Erlass geregelt und vordefiniert. Eine Übersicht dieser Einheiten sowie ihrer Ausprägung ist im Kapitel 5.2 aufgeführt.

In NRW sind[2] übergeordnete Rahmenbedingen und Voraussetzungen geregelt und den Kreisen und kreisfreien Städten damit ein Fundament für die jeweils auszugestaltenden Bedarfspläne gegeben. Diese sind von den Aufga-

[1] Es ist wichtig, dass die Patientenaufkleber, sofern sie für das Rettungsdienstprotokoll verwendet werden, auch auf den Durchschlägen aufgeklebt sind.

[2] Leider gibt es u.a. im Bereich der Bettenerfassung (Zentraler Bettennachweis) in NRW z.B. im Vergleich zu Hessen noch einige Defizite.

benträgern auf Kreisebene so aufzugreifen, dass die gebotenen Schnittstellen (z. B: Einsatzstelle-Krankenhäuser, Einsatzstelle-Personenauskunft oder Leistelle-Krankenhäuser) ausgestaltet und die operativen Maßnahmen an den Einsatzstellen vorbereitet werden können. Aufgabe der Kreise und kreisfreien Städte ist es dabei, die strategische Ausrichtung der Einsatzabarbeitung vor dem Hintergrund der örtlichen Voraussetzungen und Verhältnisse auszugestalten. So ist es ein Unterschied, ob ein Einsatzereignis in einem Ballungsgebiet mit entsprechender dichter eigener Ausstattung und meist umfangreichen nachbarschaftlichen Unterstützungsmöglichkeiten und Krankenhausversorgung auftritt oder in einem ländlichen Flächengebiet mit deutlich geringeren Vorhaltungen.

2.3 Einsatzstruktur MANV-Einsatz

Wie Abbildung 2.3/1 visualisiert, weisen Einsatzstellen mit einer großen Anzahl verletzter oder erkrankter Personen in ihrem organisatorischen Aufbau in der Regel einen Einsatzabschnitt (EA Gefahrenabwehr) auf, aus dem die Betroffenen an einen medizinischen Abschnitt übergeben werden, um hier gesichtet, erfasst, versorgt und ggf. transportiert zu werden. Je nach Einsatzhintergrund können weitere Einsatzabschnitte erforderlich sein oder, wie

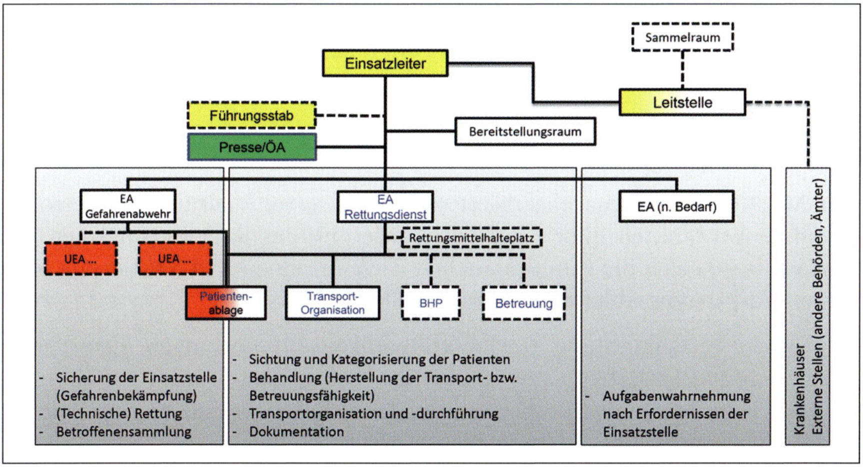

Abb. 2.3/1: Exemplarische Aufbauorganisation (aufgewachsen) einer MANV-Einsatzstelle mit Aufgabenzuordnung (Grafik: Tremmel)

beispielsweise bei akut auftretenden Erkrankungen (Lebensmittelvergiftungen/Infektionskrankheiten mit hohen Ansteckungspotenzialen), auch Patientenaufkommen unmittelbar ohne Akutereignisse ergeben, die keine Gefahrenabwehrabschnitte erfordern.

Mit der Darstellung einer Aufbauorganisation im fortgeschrittenen Stadium eines Einsatzes in Abbildung 2.3/1 sollen an dieser Stelle noch keine einsatztaktischen Belange vorweggenommen werden, sondern Begrifflichkeiten und Aufgabenstellungen für notwendige Vorplanungen dargestellt und differenziert werden. So ist es beispielsweise für die Einsatzorganisation ein Unterschied, ob ein Sammelraum, ein Bereitstellungsraum[1)], ein Rettungsmittelhalteplatz oder eine Ladezone vorgeplant bzw. eingerichtet werden muss *(Begriffsdefinitionen s. Kap. 5.1)*. Der organisatorische Aufbau wird sich, wie einleitend bereits erwähnt, den örtlichen Verhältnissen entsprechend in Abhängigkeit der Patientenzahl unterschiedlich darstellen. So werden Kommunen mit entsprechend (auch zum konkreten Zeitpunkt!) leistungsfähiger Krankenhausinfrastruktur mit einer oder mehreren strukturierten Patientenablagen arbeiten und direkt aus diesen transportieren, wo in anderen Kommunen schon ein Behandlungsplatz aufgebaut werden muss, weil die Transportkapazitäten nicht gegeben sind und auch überörtlich nicht zeitnah herangezogen werden können oder die unmittelbare Krankenhauskapazitäten die Patientenanzahl nicht aufnehmen können. Es ist jedoch erforderlich, dass Kreise und kreisfreie Städte ihre Vorplanungen so gestalten, dass eine Aufbauorganisation, wie sie Abbildung 2.3/1 exemplarisch zeigt, aufgebaut und die inhärenten Strukturen vorgeplant sind und abgebildet werden können.

2.4 Ziele eines MANV-Einsatzes

Der MANV-Einsatz charakterisiert sich neben einer Vielzahl von Betroffenen bzw. Erkrankten über einer Überforderung des Regelrettungsdienstes. Hieraus lassen sich die grundsätzlichen Ziele für einen MANV-Einsatz bzw. dessen Vorplanung ableiten:

- Erfassung, Behandlung (technisch/medizinisch) und nach Erfordernis Transport aller Betroffenen,
- schnellstmögliche Wiederherstellung des individualmedizinischen Versorgungsniveaus („Regelrettungsdienst“).

---

1) Oder mehrere (z.B. für Feuerwehr und Rettungs- bzw. Betreuungsdienst) getrennt.

Diesen strategischen Zielen ordnen sich nachfolgende taktische Ziele unter:

- Sicherstellung einer schnellen Sichtung und Priorisierung aller Betroffenen bei gleichzeitiger Einleitung unmittelbarer lebensnotwendiger Sofortmaßnahmen[1],
- Abbildung einer auf die örtliche und taktische Situation abgestimmten Einsatzorganisation,
- Organisation und Durchführung der resultierenden Soforttransporte,
- Transport und Behandlung der weiteren betroffenen Patienten,
- Dokumentation und Nachhaltung der durchgeführten Maßnahmen zur Bedienung der obligaten Schnittstellen (Krankenhäuser, Personenauskunftstellen, Meldewesen).

In den nachfolgenden Kapiteln werden diese Ziele aufgegriffen und Umsetzungsmöglichkeiten aufgezeigt, die in Abhängigkeit der örtlichen Voraussetzungen und Strukturen Berücksichtigung finden können.

[1] Unter den „unmittelbaren lebensnotwendigen Sofortmaßnahmen" sind lebenserhaltende Handlungsschritte zusammengefasst, die von den Einsatzkräften ohne großen zeitlichen und materiellen Aufwand durchgeführt werden können (z. B. Atemwege freimachen, Überstrecken des Kopfes, stabile Seitenlage oder ggf. Stillung einer lebensbedrohlichen Blutung).

3 Vorplanungen

3.1 Risikoanalyse – Einsatzplan MANV

Die örtlichen Strukturen sowie die vorhandenen Voraussetzungen der Gefahrenabwehr differieren erheblich und damit weisen auch die Einsatztaktiken sowie die tatsächlichen Einsatzabläufe im MANV-Einsatz deutliche Unterschiede auf. Die gegebenen Voraussetzungen aufzugreifen, zu bewerten und daraus die Vorplanungen, Strukturen und im Einsatz auch umsetzbaren Maßnahmen für den MANV-Einsatz abzuleiten, ist Aufgabe der Einsatzplanung für den MANV.

■ Eigene Kräfteverfügbarkeit ermitteln

Zuerst beginnt man üblicherweise mit einer allgemeinen Risikoanalyse der potenziellen Bereiche, die für einen MANV-Einsatz infrage kommen, wie z.B. Autobahnen, Bahnstrecken, Plätze regelmäßig großer Menschenansammlungen (Stadien, große Freiluftveranstaltungen wie Volksfeste, Versammlungsstätten wie Konzerthallen etc.) sowie aktuell auch z.B. Flüchtlingsunterkünfte in festen oder mobilen, mehr oder weniger provisorischen Behelfsunterkünften. Danach gilt es zunächst zu analysieren, welche Kräfte im unmittelbaren Einzugsbereich für eine Einsatzabwicklung direkt und welche nach ggf. speziellen Alarmierungsverfahren und definierten Zeiten zur Verfügung stehen. Hier bietet sich z.B. eine retrospektive Analyse zur Ermittlung der durchschnittlichen Einsatzmittelverfügbarkeit sowie ggf. zeitabhängigen (auch überregionalen[1)]) Krankenhausleistungsfähigkeit an. Aus diesen Ergebnissen resultiert, ab welcher Anzahl von Verletzten Sonderbedarfe und damit zusätzliche Fahrzeugbesetzungen bzw. überörtliche Alarmierungen erforderlich sind und damit – aus Perspektive der Einsatzmittel – die MANV-

[1)] Natürlich sind dann entsprechend längere Abwesenheiten der Transportmittel in den Planungen zu berücksichtigen.

Schwelle, also die Einsatzbedingungen, ab der das Auslösen eines MANV-Stichwortes erforderlich ist[1]), erreicht sind.

Folgerichtig müssen auch interne Strukturen beschrieben werden, wie die Erhöhung der eigenen Kräftevorhaltung erfolgen kann. So muss vorgeplant sein, wie taktische und technische Reserven, die durch Kräfteverschiebungen bzw. Gerätebestückung einsatzbereit gemacht werden können, dienstfreies Personal rekrutiert, oder Sondereinheiten zum Einsatz gebracht werden können.

Dies gilt analog auch für die anderen Ressourcen, die ggf. eine Rolle spielen, z. B.

- Behandlungskapazitäten in den Kliniken und die Möglichkeiten, diese ggf. über eine besondere Alarmplanung „hoch" zu fahren *(vgl. Kap. 3.3)*,
- Kräfte für die psychologische Betreuung von Patienten, Angehörigen, aber auch Einsatzkräften,
- Sozial- und Ordnungsämter, wenn es z. B. um die Unterbringung von obdachlos gewordenen Unverletzten geht,
- Pressestellen, soweit es nicht mit eigenen Kräften gemacht werden kann bzw. darf.

Grundsätzlich sollte jede Gebietskörperschaft über konkrete und regelmäßig aktualisierte Übersichten über die eigenen und möglichst auch benachbarten Einsatzmittel für den Rettungsdienst (inkl. Krankentransport) verfügen, um neben den Standardeinsatzmitteln wie RTW, KTW, (Baby-)NEF/NAW, insbesondere bei Sonderlagen (z. B. mehrere Patienten nach einem ABC-Einsatz oder mit Infektionsverdacht[2])) oder für besondere Patienten (z. B. mit Personengewichten jenseits der Tragfähigkeit normaler Tragen) reagieren zu können.

■ Externe Kräfteverfügbarkeit ermitteln

Anschließend ist zu prüfen, welche überörtlichen Kapazitäten in welchen Zeitfenstern und Abhängigkeiten zur Verfügung stehen. Hier ist v. a. interessant, wie in einer Gebietskörperschaft und darüber hinaus (z. B. auf Kreis-

---

1) Parallel zur unmittelbaren Kräfte- und Einsatzmittelverfügbarkeit spielt hier auch die gewünschte bzw. gebotene Einsatzstellenorganisation eine wichtige Rolle. So kann es durchaus erforderlich sein, eine MANV-orientierte Einsatzstruktur einzurichten und entsprechende (Führungs-)Komponenten zu alarmieren, um gerade nachgeschaltete Schnittstellen (Krankenhäuser, Personenauskunft, Presse etc.) bedienen zu können, obwohl noch keine Rettungsmittelmangelverwaltung gegeben ist.

2) Auch im MANV sind Kontaminationen und Infektionsgefahren zu beachten!

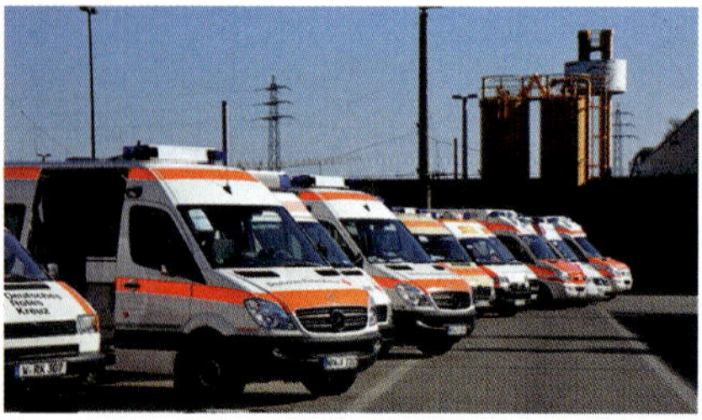

Abb. 3.1/1: PTZ-10-Einheit im Bereitstellungsraum (Foto: Truckenmüller, Düsseldorf)

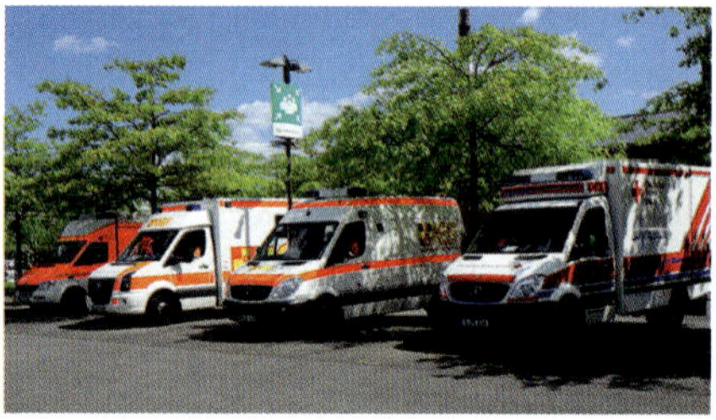

Abb. 3.1/2: ÜMANV-S-Einheit[1)] im Bereitstellungsraum (Foto: Truckenmüller, Düsseldorf)

oder Regierungsbezirks- oder Landesebene) entsprechende vorgeplante (Sonder-)Einheiten verfügbar und alarmierbar sind. Beispiele hierfür sind Patiententransportzüge (PTZ), Strukturen der überörtlichen Hilfeleistung für den MANV-Einsatz (ÜMANV-S) oder spezielle Einheiten, wie im Fall vieler Verletzter im ABC-Einsatz die Komponenten der Dekontamination Verletzter (DekonV).

Kapitel 5.2 zeigt hier am Beispiel von Nordrhein-Westfalen die überörtlichen Konzepte auf, die für rettungs- oder betreuungsdienstliche Aufgaben herangezogen werden können. Dabei sind Einheiten zu differenzieren, die unmittelbar abgerufen werden können (Sofort-Einheiten, wie ÜMANV-S) und Einheiten, die Vorlaufzeiten (teilweise ≥ 60 Min.) erfordern.

Ferner muss mit den örtlich unmittelbar und mittelbar verfügbaren Einsatzeinheiten eine Aufstellung (Matrix) erarbeitet werden, aus der hervorgeht, welche Abhängigkeiten untereinander bei Einsatz einzelner Einheiten bestehen und damit, welche Einheiten aufgrund diverser Abhängigkeiten möglicherweise nicht mehr zur Verfügung stehen. So können beispielsweise Einheiten entweder eine Betreuungsplatzbereitschaft abbilden oder eine Behandlungsplatzbereitschaft entsenden. Sollten beide taktischen Einheiten benötigt werden, muss für eine Anforderung eine andere (örtliche) Einheit alarmiert werden, was zeitliche Konsequenzen hat und auf die konkreten Einsatzbedarfe abgestimmt werden muss.

Es ist zur Entlastung der alarmierenden Stelle von Vorteil, die Anforderungen von überörtlichen Einsatzeinheiten ebenfalls vorzuplanen, so dass im Ereignisfall der Disponent den beschriebenen Anforderungsweg anstoßen kann,

[1)] Die konkrete/tagesaktuelle Zusammenstellung dieser Soforteinheit kann variieren (z. B. NEF/NAW), grundsätzlich ist die Einheit mit einem NEF, zwei RTW und einem KTW vordefiniert.

ohne sich weitere Gedanken machen zu müssen, ob und welche Anforderungen untereinander ggf. nachteilige Wechselwirkungen haben. Diese Vorplanung sollte auch redundant ausgelegt sein, so dass bei Ablehnung einer Anforderung auch eine alternative Anforderung vorgegeben ist.

Gleichfalls sollte in diesem Rahmen auch die Regelung von Abläufen und Kräftezusammenstellungen bei überörtlichen Anforderungen an die eigene Kommune geregelt und vorgeplant werden (Sammelräume, Verpflegung, Vorauskommando, Logistik etc.), soweit es nicht eine bestehende Einsatzplanung für überörtliche Kräfteanforderungen gibt, auf die verwiesen werden kann.

■ Rahmen der Einsatz(stellen)organisation vorgeben

Nach Festlegung der Kräfteanforderung sollte definiert werden, wie diese Kräfte organisatorisch zum Einsatz gebracht werden. Das bedeutet, welche Einsatzstruktur *(vgl. Kap. 2.3)* aufgebaut wird und wie sich diese im zeitlichen Verlauf entwickeln soll. Je nach örtlichen Gegebenheiten (z.B. Unterscheidung Landkreis oder kreisfreie Stadt) kann es erforderlich sein, allein aufgrund der gegebenen Verfügbarkeiten bestimmte Führungs-/Einsatzmittel für Einsatzaufgaben konkret vorzuplanen und aufgabenbezogen zu alarmieren. (Eine entsprechende Trennung der Funkkanäle bzw. -gruppen ist mehr als sinnvoll!)

Exemplarisch seien hier Einsatzleitwagen genannt, die als Führungsmittel im MANV-Einsatz für die Einsatz- und Einsatzabschnittsleitungen in ländlichen Bereichen vorzudefinieren sind, wobei in städtischen Bereichen diese Einsatzaufgaben aufgrund des Ausbildungs- und Ausstattungsstandards an der Einsatzstelle zugewiesen werden können.

■ Aufgabendefinition entscheidender Funktionen/Bereiche

Aus der bzw. den definierten Einsatzorganisationen ergeben sich konkrete Aufgabenzuweisungen, die vorgegeben werden müssen. Zum einen kommen komplexe MANV-Einsatzlagen selten vor, so dass den Funktionsinhabern eine Handlungshilfe zur Verfügung gestellt werden sollte, zum anderen sind in Abhängigkeit der Patientenanzahl aufwachsende Strukturen, taktisch abweichende Herangehensweisen gleicher Funktionen (Transport/Pufferung) oder/und andere Mittelbereitstellungen erforderlich *(vgl. Abb. 3.1/3)*, um die Einsatztaktik abbilden zu können.

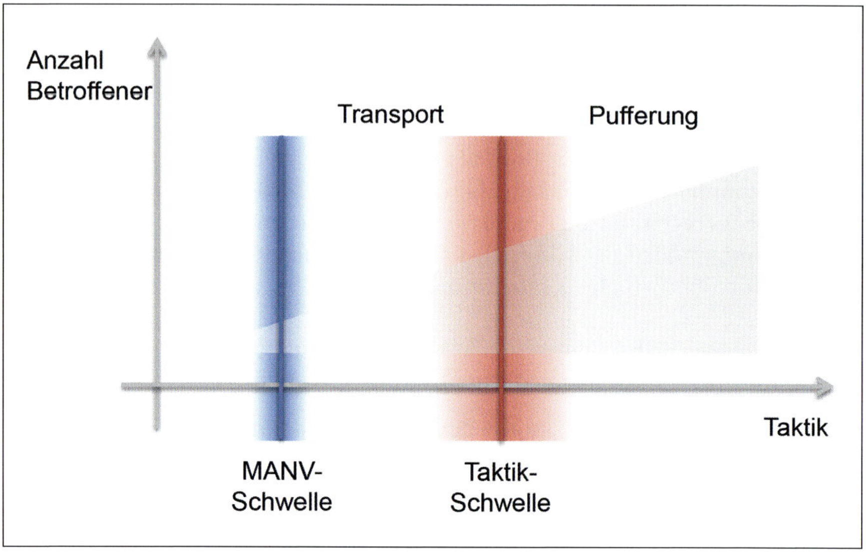

Abb. 3.1/3: Einsatztaktik MANV in Abhängigkeit der Betroffenenanzahl (Grafik: Tremmel)

Es muss aus der Vorplanung klar hervorgehen, welches Ziel und damit welche konkreten Aufgaben die einzelnen Einsatzbereiche vor dem Hintergrund der Gesamttaktik bzw. der Einsatzstrategie haben. Zur Veranschaulichung sei hier eine (strukturierte) Patientenablage angeführt, aus der Patienten direkt in Krankenhäuser transportiert werden (Transporttaktik) oder gepuffert und ggf. einem Behandlungsplatz zugeführt werden sollen (Puffertaktik), wenn andernfalls eine Verlagerung des MANV-Einsatzes in die Krankenhäuser erfolgen würde. Medizinscher Ausstattungsbedarf, Transportorganisation und Dokumentation können dann unterschiedlichen Anforderungen und Priorisierungen unterliegen. Aus dieser Vorplanung sollten dann für die einzelnen Bereiche Checklisten und Handlungshilfen[1] hervorgehen, die den Einsatz(führungs)kräften direkte Unterstützung liefern.

[1] Die Checklisten sollten – sofern eine digitale Bereitstellung erfolgt (Tablet-PC, Smartphones etc.) – immer auch redundant in Papierform zu Verfügung stehen und möglichst funktionsorientiert ausgelegt sein. Der „Einsatzunterabschnittsleiter Patientenablage" muss im Einsatzfall nicht die Aufgaben des Einsatzabschnittsleiters oder des Einsatzleiters lesen. Es bietet sich an, den Einsatzkräften Checklistensätze (Einsatzmappe MANV) zur Verfügung zu stellen, so dass über eine Registratur die funktionsbezogenen Checklisten entnommen werden können. Somit stehen dann an einer Einsatzstelle Einsatzmappen und damit einzelne Checklisten mehrfach zur Verfügung.

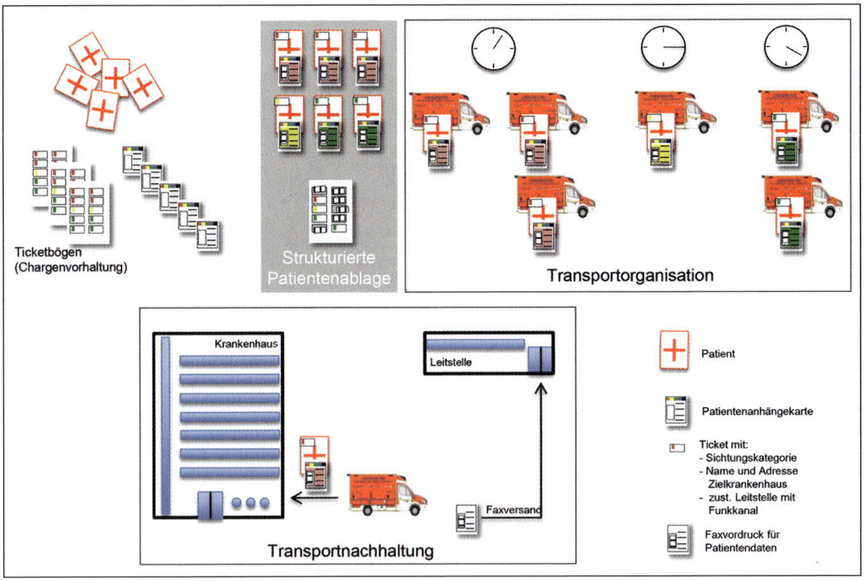

Abb. 3.1/4: Schematische Darstellung des Ticketsystems (Grafik: Tremmel)

■ Patientenmanagement

Das Patientenmanagement verfolgt – möglichst unabhängig von der Anzahl der Patienten – das Ziel, die in der jeweiligen Lage kritischsten Patienten schnellstmöglich in die für die weitere Behandlung geeigneten nächsten Krankenhäuser zu transportieren.

Hierfür müssen in der Vorplanung zunächst die grundsätzlichen Behandlungskapazitäten der Krankenhäuser (auch die Kommunikationswege bei Veränderung dieser Kapazitäten) und Abläufe zur kurzfristigen Erhöhung der Krankenhauskapazitäten (Krankenhausalarmpläne) bekannt sein bzw. erarbeitet werden *(vgl. auch Kap. 3.3)*.

In den einzelnen Ländern werden webbasierte Daten mit einem landesweiten Überblick über die Behandlungskapazitäten vorgehalten (z.B. Informationssystem Gefahrenabwehr NRW, IG NRW). Es ist unabdingbar, die Werte in solchen Systemen bei der örtlichen Planung zu verifizieren und regelmäßig zu aktualisieren, da die Voraussetzungen zur Einstufung und Erfassung von Kapazitäten aufgrund der gegebenen föderalen Strukturen unterschiedlich sind. Das gilt insbesondere bei der Berücksichtigung überörtlicher Krankenhauskapazitäten und deren Aktivierung.

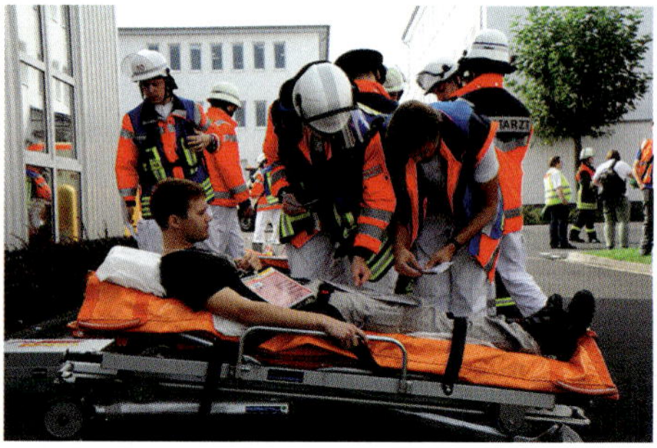

Abb. 3.1/5: Sichtung und Ticketzuordnung in einer Patientenablage, hier bei einer Übung der Feuerwehr Düsseldorf (Foto: Truckenmüller, Düsseldorf)

Wenn die ggf. zeitlich abgestuften Krankenhauskapazitäten für die einzelnen Patientenkategorien bekannt sind, muss ein System entwickelt werden, wie – ggf. auch über mehrere Patientenablagen oder Behandlungsplätze gleichzeitig – die Patienten schnell, nachvollziehbar und eindeutig/einmalig dem gegebenen Krankenhauspotenzial zugeordnet werden können. Für diese Aufgabenstellung findet aktuell immer mehr ein so genanntes Ticketsystem Verwendung, das initial vom hessischen Main-Kinzig-Kreis entwickelt und – z. B. von der Feuerwehr Düsseldorf – weiterentwickelt worden ist (vgl. BRAUN, RITZAUER, 2013).

Bei Anwendung dieses Systems bekommen die Patienten nach erfolgter Sichtung aus einem vorgefertigten Satz, der z. B. räumliche Strukturen und aufwachsende Krankenhauskapazitäten berücksichtigt, einen Aufkleber auf die Patientenanhängekarte zugeteilt, auf dem das Zielkrankenhaus mit Adresse und die erforderlichen Zusatzinformationen, wie z. B. der abweichende Funkkanal der für das Krankenhaus zuständigen Leitstelle, aufgedruckt sind. Ein Patientennummernaufkleber der Patientenanhängekarte wird auf die Stelle des Ticketsatzes geklebt, an der das Ticket entnommen wurde, so dass hierdurch schon nachvollziehbar ist, wo der Patient hingefahren worden ist.

Eine abschließende Dokumentation des Patiententransportes mit Patientendaten erfolgt durch die Besatzung des Rettungsmittels aus dem jeweils angefahrenen Zielkrankenhaus per Fax an die Feuerwehrleitstelle Düsseldorf. Hier können diese Daten dann für die Personenauskunftsstelle auch in ein System zur Personendatenerfassung eingetragen werden, z. B. „GSL-net". Durch die Aufteilung der gegebenen Krankenhausressourcen auf mehrere Ticketsätze können mit dem System auch mehrere Patientenablagen oder Behandlungsplätze bedient werden. Hierfür ist es jedoch erforderlich, dass der Transportorganisation durch die vorgeplante Einsatzorganisation mit personeller und materieller Ausstattung entsprechend Rechnung getragen wird. Das System macht verzögernde Abstimmung in den Patientenablagen zwischen angefordertem Rettungsmittel und Führungsfunktion der Patientenablage entbehrlich, da dem Rettungsmittel im Idealfall nur die gerade zu transportierende Patientenkategorie genannt werden muss und das Rettungsmittel einen/den nächsten Patient dieser Kategorie übernimmt. Das Zielkrankenhaus erfährt die Rettungsmittelbesatzung über das geklebte Ticket. Die eigentlichen Patientendaten werden dann erstmalig während des Transportes bzw. im Zielkrankenhaus erfasst und nach Faxzusendung der Fahrzeugbesatzung aus dem Krankenhaus über die Leitstelle nachgehalten.

Die organisatorische und technische[1)] Vorbereitung eines Systems zur Patientenverteilung und -erfassung ist ebenfalls Aufgabe der Einsatzvorplanung für einen MANV-Einsatz.

3.2 Kommunikation

Ein MANV erfordert immer die Zusammenarbeit mehrerer, oft auch überregional dafür alarmierter BOS-Organisationen (Feuerwehr, Rettungsdienst, Polizei, häufig auch noch das THW, je nach Einsatz ggf. auch die Bergwacht, DLRG, Wasserwacht, die Bundeswehr etc.). Darüber hinaus ist die Zusammenarbeit mit i.d.R. mehreren Krankenhäusern (initial oder als Spezial- bzw. Sekundärklinik) notwendig.

Im Weiteren kommt es zwangsläufig zur Kommunikation mit der Presse und ggf. auch direkt mit der Öffentlichkeit sowie mit der Politik.

Dies erfordert eine umfassende Vorplanung der Kommunikationswege und -möglichkeiten[2)] im Einsatz (entsprechend dem Führungsaufbau, *vgl. Kap. 2.3)* sowie der Zuständigkeiten bzw. Abläufe für die Information von Politik, Presse und Öffentlichkeit.

1) Es gibt auch Initiativen, die Patientenerfassung, -verteilung und deren Nachhaltung bereits an der Einsatzstelle, z.B. über Tabletlösungen und/oder Bar-/QR-Code-Scannung, elektronisch abzubilden, was im Hinblick auf Synchronisation und einen Live-Überblick großes Potenzial hat. Jedoch muss ein solches System immer – auch bei niedriger Einsatzfrequenz, sofern nicht auf ein System des Regelrettungsdienstes zurückgegriffen wird, und auch bei Ausfall von Kommunikationsinfrastrukturen – sicher und zuverlässig funktionieren.

2) Zum Beispiel entsprechend geeignete mehrkanalfähige analoge oder programmierte digitale FuG.

Die einsatzbezogene Kommunikationsorganisation erfolgt dabei immer (unter-)abschnittsbezogen. Die Einsatzabschnitte im MANV-Einsatz gliedern sich wiederum i.d.R. nach ihren Aufgaben.

Zu beachten ist, dass örtlich je nach Ausbau (inkl. Verfügbarkeit von Funkgeräten und deren Programmierung) und Nutzung von analogem, digitalem oder militärischem Funkverkehr entsprechende Planungen im Vorfeld erfolgen müssen, um im Einsatz funktionieren zu können (vgl. CIMOLINO, 2008).

Für die Kommunikation innerhalb der Einsatzstelle bedarf es einerseits klarer und verständlicher Befehle, auf der anderen Seite ist ein Gebrüll wie auf dem Hof einer Feuerwehrschule zu vermeiden. Einsatzkräfte sollten immer „den Blick des Patienten" im Hinterkopf haben und sich überlegen, welchen Einfluss ihr Verhalten auf Patienten haben kann. Je ruhiger der Einsatz abläuft, desto besser!

Tragbare (Hand-)Funkgeräte sind mindestens für die Gruppen- und Zugführer bzw. Abschnitts- und den Einsatzleiter notwendig. Dazu gehören natürlich entsprechende Führungsfahrzeuge (ELW 1, ELW 2 bzw. 3) sowie die dazugehörigen Führungsgehilfen und sonstigen Kommunikations- und Dokumentationsmittel. Zur Einsatzstellenkommunikation vgl. CIMOLINO, 2000/2008, zu den Einsatzfahrzeugen vgl. CIMOLINO/ZAWADKE, 2006.

Um schnell eine Kommunikations- und Führungsübersicht zu erhalten, empfiehlt es sich, Kommunikationspläne an Einsatzstellen aufzustellen bzw. vorbereitete Pläne zu benutzen. Hierzu ist es nicht immer möglich, eine Funkskizze mit den dafür gedachten speziellen fernmeldetaktischen Zeichen einzusetzen, da viele Helfer/Einsatzkräfte die dort verwendeten Zeichen nicht lesen können.

Ermitteln Sie die Ihnen grundsätzlich zur Verfügung stehenden Kommunikationsmöglichkeiten, wie u.a. die direkt nutzbaren 4-m- und 2-m-Funkkanäle bzw. Gruppen im Digitalfunk, die dazu ggf. fest versorgten Kanäle aus Gebäudefunkanlagen, Telefon- (insbesondere Mobiltelefone) und Faxanschlüsse und ggf. auch noch E-Mail-Adressen.

Ermitteln Sie die gleichen Daten für die benachbarten Einheiten, Hilfsorganisationen und das THW sowie die Polizei, den BGS und ggf. weitere vorhandene BOS-Dienststellen.

Beispiel:

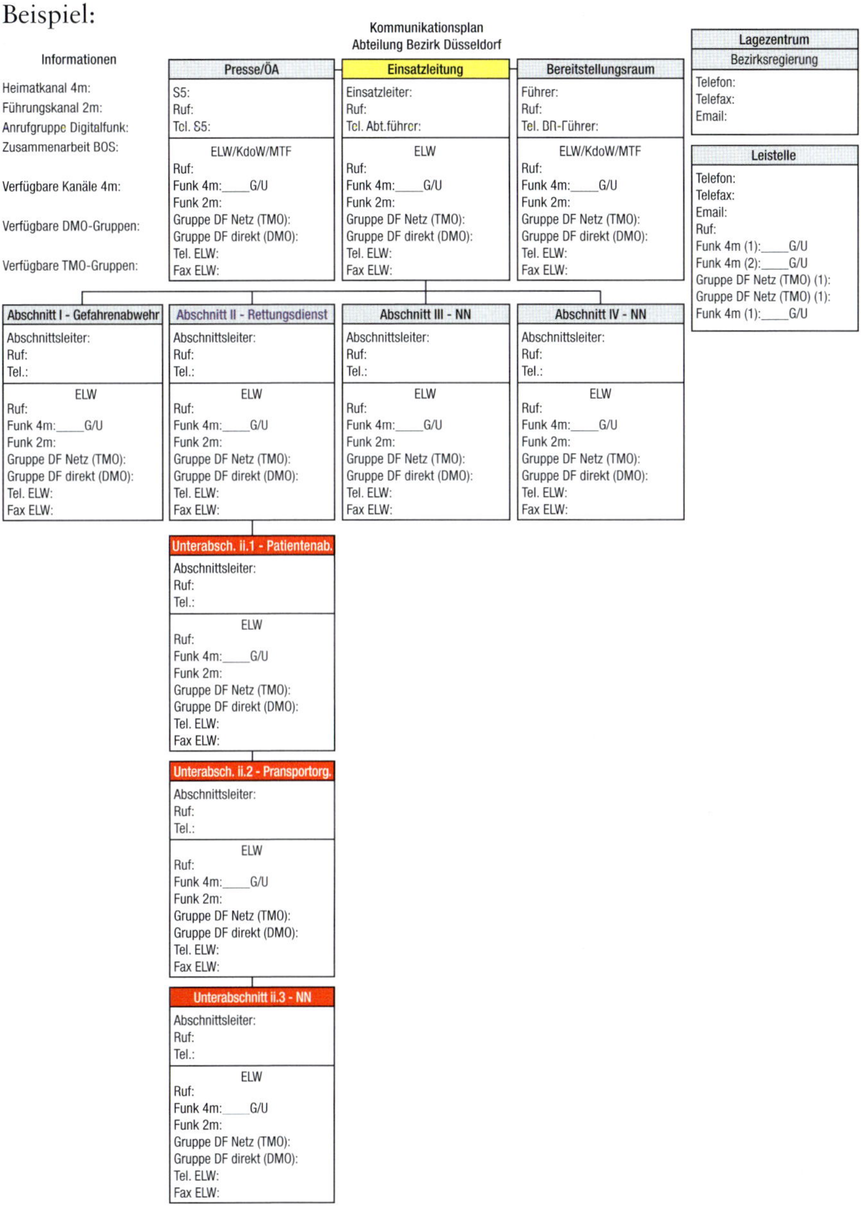

Abb. 3.2/1: Kommunikationsaufbau beim MANV (Grafik: Dr. Cimolino, Graeger, Tremmel)

Prüfen Sie IMMER mögliche Unverträglichkeiten von BOS-Kanälen bzw. -Gruppen mit spezieller Infrastruktur (z.B. Gebäudefunkanlagen mit Notbeleuchtung oder Alarmierungsstrukturen benachbarter Gebietskörperschaften). Leider ist trotz aller Prüfverfahren nicht auszuschließen, dass es zu wechselseitigen Beeinträchtigungen kommt.

MANV-Einsatzstellen sind darüber hinaus z.T. sehr weitläufig und tragbare Handfunkgeräte stoßen dann ggf. an ihre Grenzen. Gegebenenfalls muss dann die Kommunikationsplanung angepasst werden und z.B. der Führungskanal bzw. ein evtl. eigener für den Abschnitt „Bereitstellung" über die Einsatzleitwagen in einem Fahrzeugfunkkanal (4 m oder Netzbetrieb Digitalfunk) abgewickelt werden (*s. Abb. 3.2/1*).

Zusätzlich ist ggf. im Vorfeld abzustimmen, wie evtl. bereits vorhandene elektronische Systeme (zur Patientendatenerfassung) im MANV-Fall zu benutzen – oder eben nicht (!) – sind.

3.3 Zusammenarbeit mit Krankenhäusern

Krankenhäuser unterscheiden häufig zwischen internen und externen Gefahrenlagen. Beide können in einer MANV-Lage enden. Ein klassisches Beispiel für eine externe Gefahrenlage ist der MANV durch ein Unfallereignis mit bzw. innerhalb einer Menschenansammlung (z.B. in einem Stadion, einer Konzertarena oder bei einem Zugunglück). Hier muss sich das Krankenhaus auf die Aufnahme einer Vielzahl unterschiedlich schwer verletzter Patienten in relativ kurzer Zeit einstellen. Gerade außerhalb der normalen Arbeitszeit (nachts und am Wochenende) mit deutlich reduzierter Personalkapazität stellt dies eine organisatorische Herausforderung dar.

Neben der schnellstmöglichen personellen Verstärkung stehen alle Krankenhäuser vor einem Kapazitätsproblem, da die normale Auslastung der Bettenkapazitäten regelhaft bei über 90 % liegt. Außerdem ist zu beachten, dass ein übliches „Kreiskrankenhaus" hier über völlig andere (und viel geringere) personelle und räumliche Mittel verfügt als z.B. eine Klinik der Maximalversorgung oder gar ein Universitätsklinikum.

Trotzdem müssen alle Krankenhäuser in der Lage sein, zusätzliche Versorgungs- und „Liege"-Kapazitäten nach einer gewissen Vorlaufzeit zur Verfügung zu stellen. Dies gelingt mitunter nur durch Heranschaffen von externen

Bettgestellen aus Beständen des Katastrophenschutzes, bis hin zur Nutzung von Feldbetten der gleichen Quelle.

Ein sich über die Ärztlichen Leiter Rettungsdienst (ÄLRD) derzeit bundesweit verbreitendes Verzeichnis „MANV Krankenhauskataster" (KANN, 2014) listet die zusätzlich möglichen Versorgungskapazitäten in drei Dringlichkeitsstufen (rot: sofort, lebensbedrohlich; gelb: rasche Versorgung erforderlich und grün: verzögerte Versorgung möglich) auf und unterscheidet dabei in: sofort in der Regelarbeitszeit, sofort außerhalb der Regelarbeitszeit und nach einer Stunde mit Inkraftsetzen des Krankenhauseinsatzplans.

Die komplette Räumung eines Krankenhauses durch einen Brand, als Beispiel für eine interne Gefahrenlage, ist dank vorbeugender baulicher Voraussetzungen absolut selten erforderlich. Häufiger kommt es aber zur Räumung eines Flures oder eines Gebäudetraktes. Fällt aber eine für das Krankenhaus lebenswichtige Infrastruktur, wie Stromversorgung oder Wasserver- oder -entsorgung über längere Zeit aus, oder liegt das Krankenhaus im Räumungsbereich für eine Bombenentschärfung bzw. droht die Überflutung (vgl. KH Dresden-Friedrichstadt am 12./13.08.2012) kann daraus die Notwendigkeit der (Teil-)Evakuierung des Krankenhauses entstehen. Diese dann so genannte interne Gefahrenlage ist mit einem MANV durchaus vergleichbar, da hier eine Vielzahl erkrankte, auf fremde Hilfe angewiesene, nicht gehfähige Patienten in rascher Zeit transportiert werden müssen.

In vielen Bundesländern sind daher Krankenhäuser verpflichtet, im Voraus durch Erstellung eines Krankenhauseinsatzplans (KHEP) organisatorische Regelungen für interne und externe Gefahrenlagen zu erarbeiten und die Abläufe auch zu beüben.

Durch die Verpflichtung zur Erstellung idealerweise nach einem landesweiten vorgegebenen Rahmenplan erfolgt „zwangsweise" die Kontaktaufnahme zu wichtigen Schnittstellen, die im Realfall aufeinander treffen würden, wie Polizei, Feuerwehr oder Gesundheitsamt, mit ihren jeweiligen Führungsstrukturen *(vgl. Kap. 3.1)*.

Muss durch eine (in- oder externe) Gefahrenlage der KHEP in Kraft gesetzt werden, wird i.d.R. eine Krankenhauseinsatzleitung etabliert, in der zum einen die obersten Entscheidungsträger des Krankenhauses (Geschäftsführer, Ärztlicher Direktor und Pflegedienstdirektion) sitzen, analog zu Gefahrenabwehrstäben der BOS aber auch Stabsfunktionen besetzt werden sollten. Es ist daher für die Gefahrenabwehrbehörden erforderlich, die Krankenhauseinsatzpläne zu berücksichtigen, um auch die Kompatibilität mit eigenen Gefahrenabwehrplänen und die zu bedienenden Schnittstellen zu prüfen.

So werden mitunter Ressourcen der Feuerwehr im Krankenhauseinsatzplan mit verplant, die im Realfall möglicherweise nicht zur Verfügung stehen können. Hier sei exemplarisch die Einplanung der Feuerwehr für die Verkehrslenkung auf dem Krankenhausgelände (was für den Einsatzerfolg sehr wichtig sein kann) genannt, was bei einer Evakuierung des Krankenhauses nicht realistisch wäre, da hier Feuerwehrkräfte eher für die Evakuierung bettlägeriger Patienten benötigt werden.

Ein anderes Beispiel ist die Einplanung externer leistungsfähiger Stromerzeuger, wie sie zum Beispiel in Hessen landesweit in jedem Landkreis oder jeder kreisfreien Stadt in einer der Stützpunktfeuerwehren vorgehalten werden. Ein Einsatzbespiel dafür wäre, dass die krankenhauseigene Notstromversorgung nach einem Netzausfall im Krankenhaus ebenfalls nicht funktioniert, um besonders kritische auf Strom existenziell angewiesene Krankenhausbereiche, wie Operationssaal oder Intensivstation schnellstmöglich weiter mit Strom zu versorgen. Ist die Kompatibilität der Anschlüsse, also die externe Einspeisung in das Krankenhausstromnetz über den externen Stromerzeuger nicht im Voraus aufeinander abgeglichen, stellt dies die komplikationsfreie Nutzung im Ereignisfall in Frage.

Verbindlich abgesprochen werden sollten auch mögliche Aufstellflächen zum Beispiel für einen ELW 2 mit IuK-Komponente auf dem oder in unmittelbarer Nähe des Krankenhausgeländes, wenn die interne Gefahrenlage im Krankenhaus neben der Krankenhauseinsatzleitung die Etablierung einer erweiterten (Feuerwehr-)Einsatzleitung erforderlich macht.

Bei in- wie auch externen Gefahrenlagen mit Zusammentreten der Krankenhauseinsatzleitung empfiehlt es sich dringend, einen „Verbindungsbeamten“ als Vermittler zwischen Krankenhauseinsatzleitung und BOS-Gefahrenabwehrstab oder Einsatzleitung der Feuerwehr zu etablieren und zu legitimieren (Entscheidungsbefugnisse, Zugangsberechtigungen etc.), der in der Lage ist, „beide Sprachen“ zu sprechen und die Informationen der jeweils anderen Einsatzleitung entsprechend „übersetzen“ kann. Die Funktion könnte zum Beispiel durch ein zusätzliches Mitglied aus dem Pool der Rettungsdienstführungskräfte (LNA- oder OrgL-Funktionen) besetzt werden, der am besten in der Krankenhauseinsatzleitung vor Ort die Verbindung zum Gefahrenabwehrstab oder zur Feuerwehr-Einsatzleitung gewährleistet.

In vielen KHEP sind auch Führungsstrukturen unterhalb der Krankenhaus-Einsatzleitung geregelt, die im Fall der in- oder externen Gefahrenlage besondere Führungsaufgaben erhalten. So wird am Eingang des Krankenhauses bei einer externen Gefahrenlage (MANV) häufig ein Sichtungs- und Registrierungsteam vorgehalten, das alle eintreffenden Patienten erneut kurz nach Verletzungsschwere und Behandlungsdringlichkeit sichtet und die wichtigsten Informationen zu den Personalien des Patienten erfasst, um die dann folgenden Untersuchungsbefunde (Röntgen, Labor etc.) sicher dem jeweiligen Patienten zuordnen zu können, bzw. externen Stellen (Gefahrenabwehrstab) jederzeit Auskunft über den Verbleib der von der Einsatzstelle transportierten Patienten geben zu können.

Sichtungs- und Registrierungsteams wie auch die führenden Mitglieder der Krankenhauseinsatzleitung sind häufig auch durch verschiedenfarbige Westen mit entsprechenden Rückenaufschriften gekennzeichnet. Hier gibt es aber keine einheitliche Farbgebung oder Funktionsbeschriftung. Somit müssen die individuellen Lösungen vor Ort bekannt und abgestimmt sein. Auf kommunaler Ebene ist zu prüfen, ob eine Vereinheitlichung über den Einsatzplan MANV erreicht werden kann.

3.4 Checklisten

Die voranstehenden Kapitel machen bereits deutlich, dass MANV-Einsätze komplexe Einsatzlagen darstellen, bei denen umfangreiche Vorplanungen sowie eine Vielzahl zu bedienender Schnittstellen berücksichtigt werden müssen. Da solche Einsatzereignisse verhältnismäßig selten vorkommen, müssen die erarbeiteten Vorplanungen für die Einsatzkräfte und rückwärtigen Kräfte aller Aufgaben- und Führungsbereiche umso besser aufgearbeitet sein.

Für eine solche Aufbereitung bieten sich Checklisten an, die als „Prüflisten mit geschlossenen Antwortvorgaben“ (vgl. Skachkova, 2006) dazu dienen, die im jeweiligen Bereich anfallenden Aufgaben systematisch umsetzen und nachhalten zu können[1]. Die geschlossene und damit konkrete Form beinhaltet dabei zum einen die Abdeckung aller Aufgabenbereiche und zum anderen die konkrete Aufgabenumsetzung, so dass Kompatibilität zu den anderen Aufgaben-/Funktionsbereichen besteht und damit die Vorplanungen greifen.

1) Vgl. dazu auch entsprechende Einsatzhilfen im Einsatzleiterhandbuch, Cimolino, 2015, seit 1997.

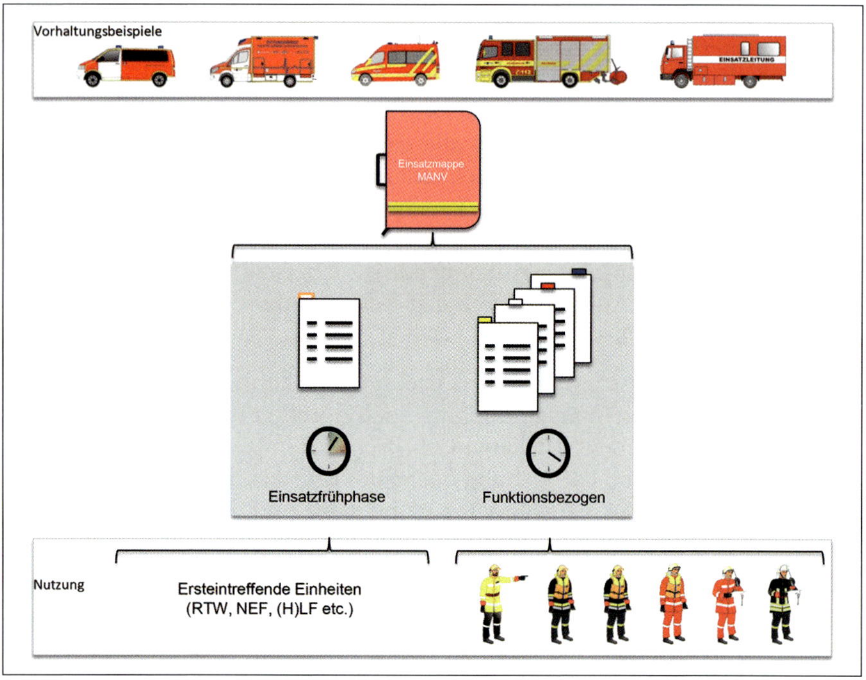

Abb. 3.4/1: Vorhaltung und Verteilung funktionsorientierter Checklisten (Grafik: Tremmel)

So reicht es beispielsweise nicht, im Rahmen einer offenen Frage an eine Funkkanal- bzw. -gruppentrennung zu „erinnern", sondern die vorgeplanten Kanäle konkret vorzugeben.

Neben einer gesicherten Verfügbarkeit (redundante Abbildung digitaler/netzgebundener Vorhaltungen), ist es sinnvoll, aufgaben- bzw. funktionsorientierte Checklisten[1] vorzuhalten und dabei darstellungseinheitlich über alle Checklisten die erforderlichen Informationen so aufzubereiten, dass sie auch an Einsatzstellen schnell aufgenommen und umgesetzt werden können. So entstehen Checklistensätze mit z. B. Checkliste für den Leitstellendisponenten, den EL, die verschiedenen (U)EAL, die Führer Bereitstellungsraum etc. Durch die Vorhaltung der Checklistensätze auf den betreffenden Einsatz-

[1] Bei Checklisten in Papierversion sollte darauf geachtet werden, dass diese auch bei Regen eingesetzt werden können (Laserausdrucke, einlaminiert) und die Möglichkeit beinhalten, Eintragungen/Notizen machen zu können.

fahrzeugen ist sichergestellt, dass an einer Einsatzstelle immer ausreichend Checklisten zur Verfügung stehen, für den Fall, dass von einem Typ mehrere Listen erforderlich sind.

Neben einer funktionsorientierten Vorhaltung sollte der Checklistensatz auch eine Checkliste für ersteintreffende Einsatzkräfte – unabhängig der eigentlichen Funktion – enthalten. Die Liste ist wichtig, um mittel- bis langfristige Einsatzentwicklungen zu sichern. Beispielsweise sei hier das Auslösen des richtigen MANV-Stichwortes, eine frühzeitige Raumordnung oder die Sicherstellung kontinuierlicher An- und Abfahrtsmöglichkeiten zu nennen.

Nachfolgende Tabelle führt für die einzelnen Checklisten mögliche Inhalte auf, die vordefiniert und den jeweiligen Einsatzkräften nach den örtlichen Begebenheiten konkret vorgegeben sein sollten. Die Funktionsbezeichnungen sind hierbei ein Vorschlag, die tatsächlichen Bezeichnungen variieren und sind abhängig von der örtlichen Einsatzstellenorganisation – die zu bewältigen Aufgaben sind jedoch gleich. Ein mögliches Checklistendesign finden Sie im Kapitel 5.3.

Tab. 3.4/1: Mögliche Checklisteninhalte (Tabelle: Tremmel)

Checkliste	Inhalt	erledigt
Ersteintreffen	Erste Rückmeldung mit Auslösung MANV-Stichwort, soweit nicht bereits alarmiert	□
	Erkundung der Einsatzstelle auf bestehende Gefahren/ Eigenschutz beachten[1)]	□
	Anzahl der Betroffenen ermitteln	□
	Keine Individualbehandlung	□
	Raumordnung (Patientenablage, Anfahrt/Bereitstellung nachrückender Kräfte)	□
	Patientenablage einrichten, ggf. unverletzte Betroffene/ Ersthelfer einbinden	□
	Sichtung einleiten	□
	Nachrückende Kräfte einweisen	□
	Qualifizierte Rückmeldung („MELDEN“-Schema, *vgl. Kap. 4.1*)	□

[1)] vgl. auch Weich, Cimolino, Rehbein, 2013

Tab. 3.4/1: Mögliche Checklisteninhalte (Tabelle: Tremmel) (*Forts.*)

Checkliste	Inhalt	erledigt
Einsatzleiter	Einsatzstellenorganisation gemäß MANV-Vorplanung	☐
	Vorgeplante Kommunikationsstrukturen implementieren	☐
	Abstimmung mit ersteingetroffenen Kräften	☐
	Einsatztaktik festlegen (Transport/Pufferung)	☐
	Raumorganisation festigen/anpassen	☐
	(Rückwärtige) Führungsstruktur etablieren und kennzeichnen[1)]	☐
	Organisation von regelmäßigen Lagebesprechungen	☐
	Meldung an Behörden gem. örtlichen Vorgaben	☐
	Abstimmungen mit der Leitstelle (Grundschutz, Personenauskunft, Auslösung Krankenhausalarmplan, Aktivierung/Information anderer Stadtämter, Unterbringungen)	☐
	Abstimmung mit anderen Behörden vor Ort	☐
	Presseauskunft organisieren	☐
	Verpflegung der Einsatzkräfte	☐
	Austausch der Einsatzkräfte	☐
Einsatzabschnittsleiter RD (OrgL)	Übernahme von/Abstimmung mit kommissarischem OrgL	☐
	Abstimmung mit dem Einsatzleiter (Taktik, Raumorganisation, Transportorganisation)	☐
	Schaltung der zugewiesenen Funkkanäle/-gruppen	☐
	Abschnittsorganisation und -kennzeichnung gemäß MANV-Vorplanung (Untereinsatzabschnitte)	☐
	Ggf. Etablierung weiterer Patientenablagen	☐
	Etablierung der vorgeplanten Kommunikationsstrukturen im Einsatzabschnitt	☐

[1)] vgl. auch Cimolino, Weich, 2010

Tab. 3.4/1: Mögliche Checklisteninhalte (Tabelle: Tremmel) (*Forts.*)

Checkliste	Inhalt	erledigt
	Vor-Ort-Organisation der Patienten (Patientenablage(n)), Patientensichtung, -nachhaltung (z. B. Anwendung Ticketsystem)	□
	Transportorganisation und darauf abgestimmte Raumordnung umsetzen (An- und Abfahrten, Ladezone, Bereitstellungsraum)	□
	Bei Pufferungstaktik: Behandlungsplatz organisieren und räumlich festlegen	□
	Teilnahme an Lagebesprechungen und dafür Vorbereitung der rettungsdienstlichen Lage	□
LNA	Übernahme von/Abstimmung mit ersteintreffendem LNA	□
	Abstimmung mit dem Einsatzleiter und dem OrgL (Taktik, Raumorganisation, Transportorganisation)	□
	Schaltung der zugewiesenen Funkkanäle/-gruppen	□
	Vor-Ort-Organisation der Patientenkonzentration (Patientenablage(n)), Patientensichtung, -nachhaltung (z. B. Anwendung Ticketsystem) mit dem OrgL	□
	Medizinische Erkundung der Lage/Sichtungsorganisation	□
	Abstimmung mit ärztlichem Personal	□
	Entscheidung über Patientenkategorie IV „blau" *(vgl. Kap. 4.2.2)*	□
	Abstimmung mit den Krankenhäusern	□
	Teilnahme an Lagebesprechungen und dafür Vorbereitung der rettungsdienstlichen Lage	□
Einsatzunterabschnittsleiter „Patientenablage"	Abstimmung mit dem Abschnittsleiter	□
	Schaltung des/der zugewiesenen Funkkanäle/-gruppen des Einsatzunterabschnittes	□
	Übernahme spontan gebildeter Patientenablagen soweit die Einsatzsituation dies zulässt	□

Tab. 3.4/1: Mögliche Checklisteninhalte (Tabelle: Tremmel) (*Forts.*)

Checkliste	Inhalt	erledigt
	Auswahl geeigneter Plätze außerhalb des Gefahrenbereichs (Größe, keine Hanglage, Sicht- und Witterungsschutz, gute Übergabemöglichkeiten)	☐
	Einbindung von Ersthelfern und unverletzten Betroffenen	☐
	Materielle Nutzung des/der ersteintreffenden RTW	☐
	Ggf. logistische Einrichtung der Patientenablage (Licht (Wärmeerhalt/Beleuchtung), Wetterschutz etc.)	☐
	Vollumfängliche Verteilung von Patientenanhängekarten soweit noch nicht erfolgt[1)]	☐
	Lebensrettende Sofortmaßnahmen	☐
	Erste Sichtung	☐
	Transportzielzuweisung (intern/extern) und -nachhaltung (z. B. mit dem Ticketsystem)	☐
	Lagemeldungen an OrgL/LNA	☐
Einsatzunterabschnittsleiter „Transportorganisation“	Abstimmung mit dem Abschnittsleiter	☐
	Schaltung des/der zugewiesenen Funkkanäle/-gruppen des Einsatzunterabschnittes	☐
	Festlegung der Ladezone sowie der An- und Abfahrten (ggf. mehrspuriges System)	☐
	Ggf. Organisation der Logistik der Ladezone (Rampen, Ausleuchtung, Wetterschutz)	☐
	Nachhaltung der Transporte nach örtlich angewendetem System	☐
	Kontrolle/Nachhaltung der Krankenhauszuweisungen nach örtlich angewendetem System	☐
	Einweisung der transportierenden Einheiten nach örtlichem System (z. B. Faxrücksendung an Leitstelle aus dem Krankenhaus)	☐

[1)] Grundsätzlich sollte bei einem MANV möglichst früh mit der Kennzeichnung der Patienten begonnen werden.

Tab. 3.4/1: Mögliche Checklisteninhalte (Tabelle: Tremmel) (*Forts.*)

Checkliste	Inhalt	erledigt
	Lagemeldungen an OrgL/LNA	□
	In Ausnahmefällen auch Organisation des Rücktransport (z. B. von Flüchtlingsverteilungszentren zum Krankenhaus und wieder zurück)	□
Einsatzunterabschnittsleiter „Behandlungsplatz"	Abstimmung mit dem Abschnittsleiter	□
	Schaltung des/der zugewiesenen Funkkanäle/-gruppen des Einsatzunterabschnittes	□
	Etablierung und Kennzeichnung der Behandlungs- und Führungsbereiche	□
	Organisation des Aufbaus und der Logistik des Behandlungsplatzes (Räumlichkeiten, Zelte, Beleuchtung, Heizung, interne Transporte)	□
	Durchführung und Dokumentation wiederkehrender Sichtungen	□
	Sicherstellung der Behandlungsdokumentation	□
	Lagemeldungen an den OrgL/LNA	□
Einsatzabschnittsleiter „Bereitstellungsraum"	Abstimmung mit dem Einsatzleiter/Einsatzabschnittsleiter	□
	Schaltung des/der zugewiesenen Funkkanäle/-gruppen des Einsatz(unter)abschnittes	□
	Durchgabe der Einsatzbereitschaft sowie des Führungsmittels an die Leitstelle, so dass nachfolgende Kräfte eingewiesen werden können	□
	Kennzeichnung der Bereitstellungsraums	□
	Organisation des Aufbaus und der Logistik des Bereitstellungsraums (Führungsmittel, ggf. Zelte, Beleuchtung, Toiletten)	□
	Ggf. Hubschrauber-Landeplatz[1)] einrichten	□

[1)] Vgl. dazu auch entsprechende Einsatzhilfen im Einsatzleiterhandbuch, Cimolino, 2015, seit 1997.

Tab. 3.4/1: Mögliche Checklisteninhalte (Tabelle: Tremmel) (*Forts.*)

Checkliste	Inhalt	erledigt
	Weitergabe von Lageinformationen an die Einsatzkräfte	□
	Nachhaltung der Belegung	□
	Nachhaltung und Darstellung der Raumordnung der Einsatzstelle zur Einweisung der Einheiten	□
	Sicherstellung der Behandlungsdokumentation	□
	Lagemeldungen an den Einsatzleiter bzw. den/die Einsatzabschnittsleiter	□
(Unter-) Einsatz-abschnitts-leiter „Betreuung“	Abstimmung mit dem Einsatzleiter/Einsatzabschnitts-leiter	□
	Schaltung des/der zugewiesenen Funkkanäle/-gruppen des Einsatz(unter)abschnittes	□
	Abstimmung der konkreten Aufgabe sowie Anzeige von Unterstützungsbedarf (z. B. PSNV)	□
	Wie kann diese Zeit überbrückt werden (Bereitstellung von Bussen)?	□
	Bestimmung eines Gebäudes für die Betreuungsaufgabe	□
	Abstimmung des erforderlichen Logistikbedarfes und dessen Bezug mit der Einsatzleitung in Abhängigkeit der Aufgabe	□
	Berücksichtigung der Verpflegung von Einsatzkräften	□
	Kennzeichnung der eingerichteten Betreuungsstelle (intern und extern, ggf. mehrsprachig bzw. sprach-unabhängig)	□
	Bei langfristigen/vorplanbaren Einsätzen:	
	Säuglinge/Kleinkinder → Babynahrung/Windeln, ggf. Spielzeug	□
	Hygiene, Reinigung, Müllentsorgung	□
	Haustiere → Unterbringung/Verpflegung	□

Tab. 3.4/1: Mögliche Checklisteninhalte (Tabelle: Tremmel) (*Forts.*)

Checkliste	Inhalt	erledigt
	Kranke Menschen → Medikamentenbedarf (Rezeptausstellung) oder Menschen, die auf die Unterstützung von Medizinprodukten angewiesen sind (Heimbeatmungsgeräte, Dosierhilfen für Medikamente)	□
	Lademöglichkeiten für Smartphones, ggf. WLAN-Bereitstellung	□
	Informationsmanagement für Einsatzkräfte und Betroffene (einsatz- aber auch unterhaltungsbezogen)	□

3.5 Ausbildung und Übung

Vom Aufbau eines Schnelleinsatzzeltes über den Aufbau einer strukturierten Patientenablage oder eines Behandlungsplatzes bis zur Stabsrahmenübung oder einer Einsatzübung erstrecken sich Ausbildungs- und Übungsaufgaben für einen MANV-Einsatz. Allein aufgrund der Komplexität, des Logistik-, Raum- und Personalbedarfs können Einsatzübungen nur verhältnismäßig selten durchgeführt werden. Sie sollten daher auch immer den Höhepunkt eines Ausbildungskonzeptes darstellen und durch vorgeschaltete Ausbildungen/Übungen vorbereitet werden. Auch die Aufbereitung und Begleitung einer komplexen Einsatzübung zur Ableitung konkreter Entwicklungs- und Verbesserungspotenziale ist eine zeit- und personalintensive Aufgabe.

Wie der Einsatzplan-MANV auf die örtlichen Verhältnisse angepasst sein muss *(vgl. Kap. 3.1)*, so muss das Übungs- und Ausbildungskonzept auf den Einsatzplan ausgelegt sein. Aus dem Einsatzplan lassen sich die Lernziele, die Aufgaben der Ausbildung sowie Übungs- und Ausbildungsmöglichkeiten ableiten. Nachfolgende Tabelle führt hier Einsatzaufgaben, Lernziele, resultierende Ausbildungsaufgaben und Umsetzungsmöglichkeiten auf.

Die in der Tabelle 3.5/1 aufgeführten Übungsaufgaben und -möglichkeiten machen deutlich, dass es nicht nur die Einsatzübung sein muss, um die Einsatzkräfte auf eine etwaige Schadenslage vorzubereiten. Vielmehr sind es kleinere (Teil-)Übungen, die Kontinuität und damit Wissensauffrischung und das sehr wichtige Beüben von Grundlagen/„Kleinigkeiten" ermöglichen, an denen aber die komplexen Einsatzübungen oder auch Einsätze Verbesserungspotenziale aufzeigen.

Tab. 3.5/1: Auf den Einsatzplan abgestimmtes Übungs- und Ausbildungskonzept (Tabelle: Tremmel)

Einsatzaufgabe	Lernziele	Übungsmöglichkeiten
Grundlagen	• Gesamtkonzept mit seinen Zielen und den Taktikschwellen kennen • Örtlich eingebundene Einheiten mit technischen und taktischen Einsatzwerten kennen • Überörtliche Konzepte mit taktischen und technischen Einsatzwerten kennen • Begrifflichkeiten differenzieren und anwenden können (z. B. Sammelraum, Bereitstellungsraum, Ladezone) • Bedienung der Funkgeräte (inklusive der Umschaltung von Kanälen/Gruppen an den eingesetzten Funkgeräten) kennen und anwenden können • System zur Kennzeichnung von Führungskräften kennen und einordnen können	• Standortausbildungen zu Strukturen, Aufgaben und Abläufen • Stabsrahmenübungen • Kurzunterrichte zu einzelnen Themenfeldern • Kurzunterrichte/-übungen mit Funkgeräten
Führung	• Führungsvorgang kennen und anwenden können, so dass auch Gefahren der initialen Einsatzstelle in die Lagebeurteilung einfließen • Technische und taktische Einsatzwerte der einzusetzenden Einheiten kennen • Schnittstellen (Meldewesen an Politik/Behörden und Presse, Personenauskunft, Krankenhausalarmplanung etc.) kennen und bedienen können	• Stabsrahmenübung • Einsatzübung • Führungssimulation MANV[1]

[1] Die Führungssimulation MANV ist ein Hilfsmittel, mit dem alle Führungssysteme im Rettungsdienst, inkl. Leitstelle und Personenauskunftsstelle und damit die übergeordneten Strukturen beübt werden können. Das System besteht aus Karten, die Einsatzmittel, Einsatzkräfte und Patienten abbilden, die in regelmäßigen Abständen ihren Zustand ändern. Weg- und Eintreffzeiten werden dabei nach Vorgaben in Echtzeit abgebildet. Das System kann auch als Grundlage für eine Übungsleitung dienen, um eine Stabsübung zu bespielen (BBK, 2012).

Tab. 3.5/1: Auf den Einsatzplan abgestimmtes Übungs- und Ausbildungskonzept (Tabelle: Tremmel) (*Forts.*)

Einsatzaufgabe	Lernziele	Übungsmöglichkeiten
(Strukturierte) Patientenablage/ Behandlungsplatz	• Aufgaben der Strukturierten Patientenablage/des Behandlungsplatzes kennen • Aufbau- und Ablauforganisation kennen und anwenden können • Sichtung unterstützen bzw. durchführen können • Lebensrettende Sofortmaßnahmen kennen und anwenden können • Technische und taktische Einsatzwerte von Fahrzeugen und Geräten kennen und nutzen können • Dokumentationssysteme kennen und anwenden können	• Einsatzübung • Standortausbildung zu Struktur, Aufgaben und Abläufen • Wiederkehrende Kurzübungen/-unterrichte zum Sichtungskonzept, Patientenanhängekarten, lebensrettenden Sofortmaßnahmen, Fahrzeugen, Zelten oder Geräten • Kurzübungen mit Checklisten • Dynamische Patientensimulation[1)]
Sichtung	• Sichtungskonzept kennen und anwenden können • Lebenserhaltende Sofortmaßnahmen durchführen können	• Einsatzübung • Wiederkehrende Kurzübungen/-unterrichte zum Sichtungskonzept, Patientenanhängekarten, lebensrettenden Sofortmaßnahmen, Kurzübungen mit Checklisten • Dynamische Patientensimulation
Transportorganisation	• Aufgaben der Transportorganisation kennen • Verteilungssystem kennen und anwenden können (z. B. das Ticket-System)	• Einsatzübung • Standortausbildung zum Verteilungssystem Struktur, Aufgaben und Abläufen

[1)] Die Dynamische Patientensimulation ist eine Übungsmöglichkeit zur Beübung von Patientenablagen und Behandlungsplätzen wobei neben den Führungsfunktionen auch detailtief rettungsdienstliche Einsatzkräfte üben können. Die Patienten werden dabei über DIN-A3-Karten dargestellt, wobei die Übungsteilnehmer über Aufkleber mit Zeitvorgaben Behandlungen simulieren können. Durch eine Materialmangelversorgung und Zeitvorgaben sollen insbesondere frühe Einsatzphasen, Priorisierungen und Entscheidungsfindung beübt werden (BBK, 2012).

Tab. 3.5/1: Auf den Einsatzplan abgestimmtes Übungs- und Ausbildungskonzept (Tabelle: Tremmel) (*Forts.*)

Einsatzaufgabe	Lernziele	Übungsmöglichkeiten
	• (aufwachsende) Krankenhauspotenziale im Einzugsbereich kennen • Begrifflichkeiten differenzieren können (Ladezone, Bereitstellungsraum) • Technische und taktische Einsatzwerte von Fahrzeugen und Geräten kennen und nutzen können • Dokumentationssysteme kennen und anwenden können	• Kurzübungen/-unterrichte zum Sichtungskonzept, Patientenanhängekarten, lebensrettenden Sofortmaßnahmen, Fahrzeugen, Zelten oder Geräten • Kurzübungen mit Checklisten • Dynamische Patientensimulation • Führungssimulation MANV
Krankenhauseinbindung	• Krankenhausalarmpläne sowie deren Auslösung kennen • (aufwachsende) Krankenhauspotenziale im Einzugsbereich kennen • Besondere Aufbauorganisationen der Krankenhäuser im Alarmfall kennen • Interventionserfordernisse und -möglichkeiten bei Schadenfall im Krankenhaus kennen	• (Gemeinsame) Stabsrahmenübungen • Einsatzübungen

Sieht der Einsatzplan MANV beispielweise vor, dass das ersteintreffende NEF kommissarisch die Funktion des OrgL und des LNA übernimmt, so ist es über die grundsätzliche Anforderung hinaus wichtig, dass alle ärztlichen und nicht ärztlichen Einsatzkräfte in der Lage sind, einen Betriebsarten-, Gruppen- oder Kanalwechsel durchzuführen.

Die Feuerwehr Düsseldorf sieht in ihrer Planung im Bedarfsfall eine Vorsichtung durch Rettungsdienstpersonal vor, wobei diese dann durch eine halb herausgezogene und umgeknickte Sichtungskarte der Patientenanhängekarte gekennzeichnet ist. Das müssen alle Einsatzkräfte wissen und zuordnen können. Hierauf ist im Rahmen von Standort- oder Kurzausbildungsmaßnah-

Abb. 3.5/1: Analog- und Digitalfunkgerät – sehen Sie sich spontan in der Lage, Kanal bzw. Gruppe zu wechseln? (Foto: Tremmel)

men wiederkehrend hinzuweisen. Gleichfalls müssen die Notärzte in diese Konzepte eingebunden sein[1)].

Ein Beispiel für das Lernziel „Taktische und technische Einsatzwerte einzusetzender Einheiten kennen" ist der Gerätewagen Sanität (GW San). Dieser steht in der abgebildeten Form in NRW allen Gebietskörperschaften zur Verfügung und ist aufgrund seiner Ausstattung und Fahreigenschaften ein wertvolles Einsatzmittel zum Einrichten einer Patientenablage. Hier ist es wichtig, Verfügbarkeiten, Eintreffzeiten und Beladung zu kennen. Gleichzeitig kann im Rahmen von Kurzübungen mit dem Fahrzeug das Einrichten einer strukturierten Patientenablage ohne großen Aufwand geübt werden. Große Feuerwehren/Städte halten zusätzlich ähnlich konzeptionierte Fahrzeuge vor, die hohes Potenzial insbesondere für die Frühphase von Einsätzen vorhalten und entsprechend beübt werden müssen, um dieses Potenzial im Einsatz auch gewinnbringend nutzen zu können.

[1)] Viele Rettungsdienstbereiche greifen auf Notärzte von Notarztbörsen oder Gastärzte zurück – hier ist sicherzustellen, dass diese Ärzte eine Einweisung in die bestehenden Konzepte erfahren bzw. vorgehaltene Checklisten so eindeutig sind, dass eine ad-hoc-Anwendung möglich ist.

Abb. 3.5/2: GW San (NRW) in zwei Generationen (Foto: Truckenmüller, Düsseldorf)

Abb. 3.5/3: Geräteraum GW San (Foto: Truckenmüller, Düsseldorf)

Abb. 3.5/4: GW Rett Feuerwehr Düsseldorf (Foto: Truckenmüller, Düsseldorf)

4 Einsatz

Im nachfolgenden Kapitel werden aufbau- und ablauforientiert die Einsatzstrukturen erläutert und Praxishinweise für die Einsatzabwicklung gegeben.

Ausführliche Informationen zur Einsatz- und Abschnittsleitung finden Sie im gleichnamigen Buch von Graeger, 2003/2009.

4.1 Erkundung

Soweit nicht bereits als MANV-Einsatz alarmiert, ist es wichtig, in der Frühphase des Einsatzes eine vorliegende MANV-Lage zu erkennen und bei einer ersten qualifizierten Rückmeldung nach den Erkundungsergebnissen eine MANV-Alarmierung auszulösen. Hierbei ist es ausreichend, die erkundete bzw. prognostizierte[1)]/geschätzte[2)] Patientenanzahl zu nennen und durch die Leitstelle das passende MANV-Stichwort gemäß örtlicher Alarm- und Ausrückeordnung (AAO) zu alarmieren. Selbst für den Fall, dass die Rettungsmittelverfügbarkeit ausreichend ist, sind durch Auslösen des MANV-Stichworts auch die zugehörigen Führungskomponenten zum Aufbau der gebotenen Einsatzstellenorganisation berücksichtigt.

Ziel der ersten Erkundung ist es dabei, in möglichst kurzer Zeit eine qualifizierte Rückmeldung geben zu können und die erforderlichen Nachalarmierungen anzustoßen. Je nach Komplexität und Umfang einer Einsatzstelle ist es angezeigt, neben zwingend notwendigen Erstmaßnahmen, wie Sperrungen, Absicherungen oder Sofortangriffsmaßnahmen, Erkundungsabschnitte zu bilden und Führungskräften Erkundungsaufträge zu erteilen.

1) Zum Beispiel aufgrund der ersten Notrufe, die in der Leitstelle eingehen, von den Disponenten zur Alarmierung als mögliche Verletztenzahlen erwartet, um das passende Einsatzstichwort auswählen zu können.

2) Insbesondere bei ausgedehnten Einsatzstellen, wie Unfälle mit Schienenfahrzeugen, Flugzeugen oder Massenkarambolagen auf Autobahnen, kann es erforderlich sein, für eine erste Rückmeldung Patientenzahlen zu schätzen oder durch Personenbefragungen (Zugbegleiter, Unfallzeugen o.Ä.) im Rahmen der Erkundung zu prognostizieren.

Für eine Rückmeldung bietet es sich an, das „M E L D E N"-Schema anzuwenden, angelehnt an IdF NRW, 2008:

M – Meldender
Florian Musterstadt von Florian Musterstadt 01-HLF20-01, kommen

E – Einsatzstelle
Verkehrsunfall mit Reisebus, Musterstraße Höhe Haus Nr. 10, Musterstadt

L – Lage
Verkehrsunfall mit umgestürztem, besetztem Reisebus sowie beteiligtem PKW, etwa 50 Betroffene, mehrere Personen eingeklemmt, auslaufende Betriebsstoffe

D – Durchgeführte Maßnahmen
Musterstraße wurde komplett gesperrt

E – Eingeleitete Maßnahmen
Erste Sichtung wird vorgenommen, Bus gesichert und ein dreifacher Löschangriff vorbereitet

N – Nachforderung
Lösen Sie MANV für 50 Personen aus, ein weiterer Löschzug zur taktischen Reserve, Bereitstellungsraum Rettungsdienst Parkplatz Möbelhaus Mustermann, Musterstraße 2, Ansprechpartner ist der 2-ELW1-01, Bereitstellungsraum technische Einheiten Parkplatz Mustermarkt, Musterstraße 3, Unterstellung dem 1-ELW2-02

Erteilen Sie dabei unbedingt konkrete und ggf. auch auf mehrere Personen verteilte Erkundungsaufträge (räumlich abgegrenzt, mit Erkundungsschwerpunkt), um die für Ihre Ersteinschätzung notwendigen Informationen zu erhalten. So sind beispielsweise die Fahrzeugfabrikate in der Erstphase nicht so entscheidend wie die Anzahl der Betroffenen und deren grobe Verletzungsmuster.

Abb. 4.1/1: Achten Sie in der Einsatzfrühphase darauf, dass Erreichbarkeiten der Einsatzstelle (hier Einfahrten zu einem Betriebsgelände) frei und erreichbar bleiben, so dass auch der frühe Abtransport von Patienten immer gewährleistet ist. (Foto: Tremmel)

4.2 Aufgaben

4.2.1 Patientenablage

Zwar ist in der DIN 13050 *(s. Kap. 1)* sowohl die Patientenablage wie auch der Behandlungsplatz definiert, die genauere Ausgestaltung, räumlich wie organisatorisch ist aber nicht näher definiert.

Patientenablagen bilden sich häufig spontan, entweder durch selbständiges Zusammenkommen Betroffener oder „Ablegen" Betroffener durch die Feuerwehr im Rahmen der Rettung aus einer Gefahr, i.d.R. außerhalb des unmittelbaren Gefahrenbereichs. Dieser Bereich kann auch „nur" der Bereich sein, bei dem die Retter den Eindruck haben, dass man hier „sicher" wäre. Das muss nicht der Bereich sein, in dem das nach ausführlicherer Lageeinschätzung auch so ist. Gegebenenfalls liegt diese Ablage auch in einem notwendigen Zugangs-, Zufahrts- oder Aufstellbereich.

Akzeptieren Sie vorgefundene Patientenablagen, wo immer das möglich ist, um Ressourcen zu schonen, zögern Sie aber bei einer möglichen Gefährdung oder anderen Notwendigkeiten nicht, eine vorhandene Ablage auch schnell und kurzfristig verlegen zu lassen!

Häufig sind in der ersten Phase mehr Feuerwehreinsatzkräfte als Kräfte des Rettungsdienstes und des Katastrophenschutzes vor Ort, so dass die Bildung einer oder mehrerer Patientenablagen durch Entscheidung des Einsatzleiters der Feuerwehr erfolgt bzw. erfolgen muss.

Es empfiehlt sich aber, wenn die Ortswahl der Patientenablage noch möglich ist[1)], dies mit den ersten eintreffenden Kräften des Rettungsdienstes abzusprechen, um deren Anforderungen bei der Wahl mit einzubeziehen.

Bei der Auswahl eines geeigneten Platzes für eine Patientenablage sollten folgende Punkte berücksichtigt werden:

- außerhalb jeglichen Gefahrenbereichs,
- ausreichende Größe für die zu erwartende Patientenanzahl (inklusive Verkehrswege),
- insbesondere bei Rauchentwicklungen oder bei Gefahrguteinsätzen Windrichtung sowie sonstiges Stoffverhalten mit beachten, damit die Patientenablage nicht Schadstoffen ausgesetzt wird,
- Außentemperatur berücksichtigen: bei kalter oder regnerischer Witterung in der Nähe befindliche Gebäude mit in die Entscheidungsfindung einbeziehen,
- An- und Abfahrbarkeit von Rettungswagen, GW-San etc. ermöglichen,
- möglichst keine Hangneigung,
- ggf. Sichtschutz.

Bis zu einer gewissen Anzahl Betroffener kann die Erstversorgung, Sichtung und Weiterbetreuung direkt bis zum Abtransport in ein Krankenhaus in einer Patientenablage erfolgen. Eine solche Patientenablage wird auch als strukturierte Patientenablage bezeichnet.

Die Anzahl Betroffener, bei der dies möglich ist, ist variabel und hängt vor allem von den zur Verfügung stehenden Ressourcen für die Erstversorgung

[1)] Häufig haben sich Patientenablagen bereits vor dem Eintreffen der ersten Einsatzkräfte spontan durch die Betroffenen bzw. Ersthelfer gebildet.

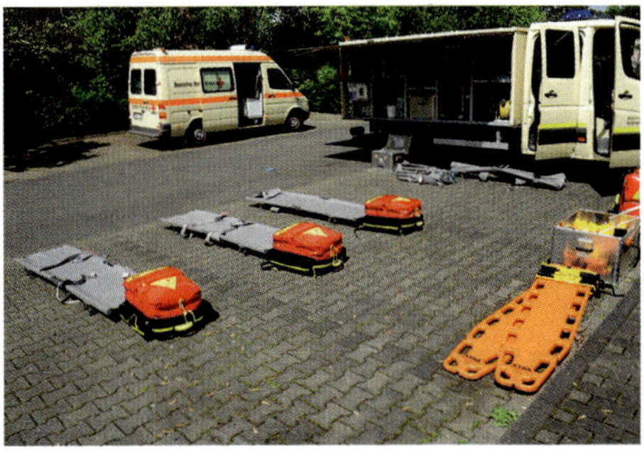

Abb. 4.2.1/1: Aufbau einer strukturierten Patientenablage unter Einbeziehung eines GW San (Foto: Truckenmüller, Düsseldorf)

vor Ort und den verfügbaren Transportkapazitäten ab *(vgl. „Taktikschwelle" im Kap. 3.1)*.

So wird in einer Großstadt der rasche Transport von mehr als zwanzig Betroffenen durch die Alarmierung ausreichender und im großstädtischen Umfeld auch rasch zur Verfügung stehender Rettungswagen möglich sein, während im ländlichen Bereich durch Alarmierung weit entfernter Rettungswagen oder notwendige Alarmierung ehrenamtlicher Strukturen (Schnelleinsatzgruppen oder Sanitätszüge des Katastrophenschutzes) mit einer deutlichen Zeitverzögerung zu rechnen ist.

Die Patientenablage sollte so schnell wie möglich räumlich und organisatorisch geordnet werden.

Verschiedene Dinge sind hierbei zu beachten:

Ordnung des Raumes: Unterteilung der Betroffenen nach Sichtungskategorien. „Rote Patienten" benötigen mehr personelle Ressourcen, als „gelbe". „Grüne Betroffene" benötigen zunächst nur Betreuung.

Weiter macht es Sinn, innerhalb des jeweiligen Farbbereichs (rot und gelb) eine Ordnung zu schaffen, um beim Abtransport der jeweiligen Dringlichkeit nicht die Übersicht zu verlieren, bzw. nach dem Prinzip „first-in-first-out" (also der Patient, der als erster in die Patientenablage gekommen ist, sollte auch als erster wegtransportiert werden) zu handeln.

Hierfür sollten bestimmte Personen mit spezifischen Aufgaben betraut werden:

Sichter (Disponent): prüft quasi noch mal kurz die Sichtungskategorie, die unmittelbar bei der Sichtung am Schadensort bestimmt wurde, bzw. sichtet und kategorisiert die Betroffenen, die bislang nicht gesichtet wurden, weil sie z.B. bislang nur von der Feuerwehr aus dem Gefahrenbereich gerettet wurden.

Zuteiler (Dispatcher): weiß, welcher Patient als nächstes abtransportiert werden soll und bringt damit die Rettungswagenbesatzung und den Patient zusammen.

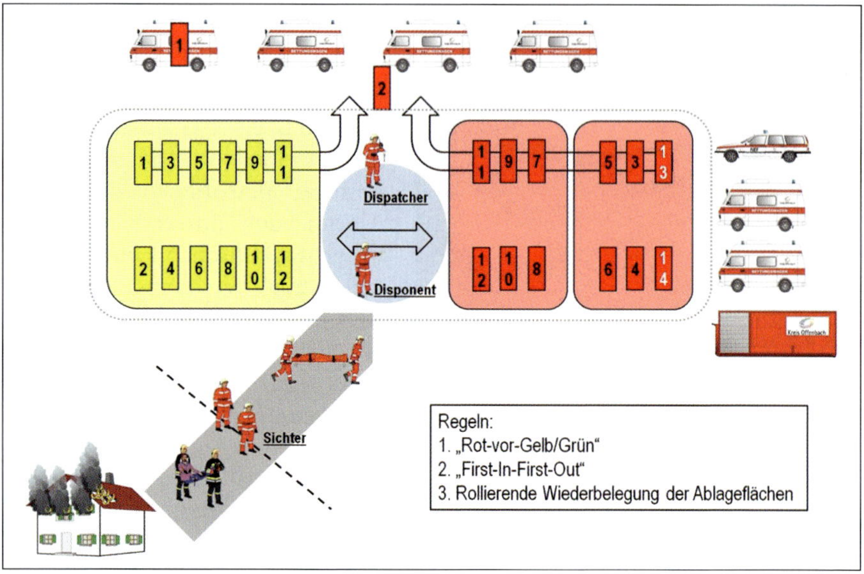

Abb. 4.2.1/2: Schematische Abbildung einer strukturiereten Patientenablage mit Ladezone (Grafik: Dr. Münster/Dr. Naujoks)

Ein Beispiel für die Ordnung der Patientenablage ist in Abbildung 4.2.1/2 vorgestellt.

Für eine platz- und ressourcenschonende Anordnung ist es sinnvoll, die Patienten – ähnlich einem „Fischgrätenmuster“ – mit dem Kopf an einem Mittelgang bzw. einer Bewegungsfläche anzuordnen, so dass zwei oder mehrere Patienten gleichzeitig überwacht werden und auch aus einem Materialpool behandelt werden können.

Mit diesem Mittelgangbereich ist gemäß nachfolgender schematischer Abbildung von einem Platzbedarf von ca. sechs Quadratmetern pro Patient auszugehen (vgl. auch IDF NRW, 2013).

In modernen (v. a. großstädtischen) Erstversorgungskonzepten erfolgt immer mehr die Abkehr von der Behandlung vor Ort („stay and play“) in einem Behandlungsplatz. Das „stay and play“ ist dabei praktisch das frühere klassische „Transportverbot“, ausgesprochen durch den Leitenden Notarzt auf Anfahrt bis zu seiner Ankunft. Damit sollte erreicht werden:

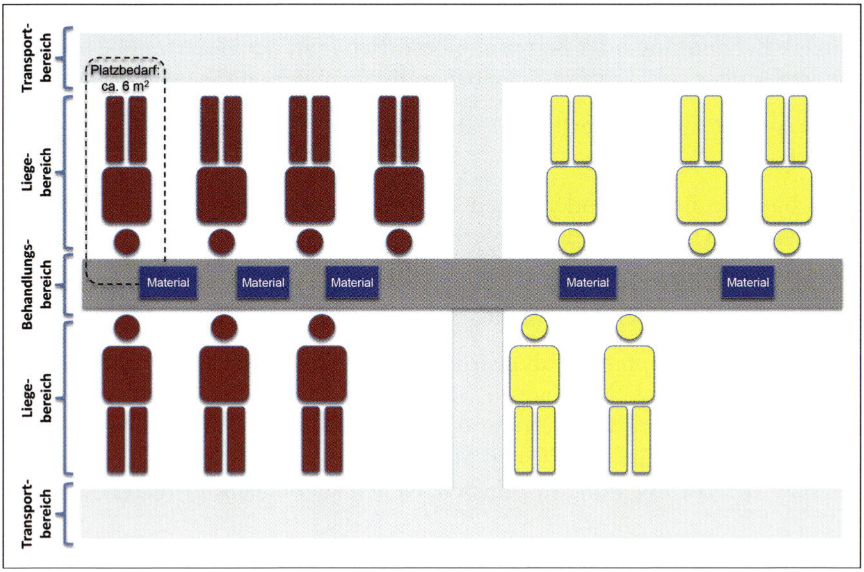

Abb. 4.2.1/3: Schematische Abbildung einer strukturierten Patientenablage (Grafik: Tremmel)

- verhindern, dass der MANV einfach in eine Klinik weiter verlagert wird,
- gewährleisten, dass möglichst schnell die, die wirklich am schnellsten in eine Klinik transportiert werden müssen, auch tatsächlich primär transportiert werden.

Trotz aller Beschleunigungsansätze und -ideen (weg vom „stay and play" hin zum „load and go") kann dieses Konzept nur dann verantwortlich verlassen werden, wenn

- die Krankenhausdichte in der Nähe des Schadensortes die breitflächige Verteilung der Patienten ermöglicht, ohne die einzelne Klinik mit zu vielen Patienten gleichzeitig zu überfordern UND
- durch auch überörtliche Konzepte *(s. ÜMANV)* das Heranführen einer Vielzahl an Rettungsmitteln in relativ kurzer Zeit gelingt.

Trotzdem muss immer, gerade in der ersten Phase („Initialphase" oder auch „Chaosphase" genannt), darauf geachtet werden, dass zunächst ausreichend medizinisches Personal vor Ort zur Verfügung steht, um die Patientenablage fach- und sachgerecht betreiben zu können.

Reicht die Transportkapazität nicht aus oder ist aus anderen Gründen eine längere Behandlung oder Betreuung Betroffener an der Einsatzstelle notwendig, muss über den Aufbau eines Behandlungsplatzes nachgedacht werden.

Auch hier ist zwar in der DIN 13050 der Begriff definiert, nicht jedoch die Umsetzung.

Verschiedene Bundesländer sehen in ihren Landeskonzepten zur Bewältigung von MANV Behandlungsplätze vor.

Exemplarisch seien in den Abbildungen 4.2.1/4 und 4.2.1/5 die Landesempfehlungen von Hessen vorgestellt.

Bei beiden Konzepten wird deutlich, dass die räumliche Ordnung Platz braucht und erhebliche Mengen Material und Personal eingesetzt werden müssen. Als grober Faustwert kann für einen Behandlungsplatz für 50 Patienten ein Platzbedarf von 40 mal 50 m angesetzt werden. Wenn Einsatzstellen bzw. deren Umgebung es zulassen, eignen sich hierfür große Hallen.

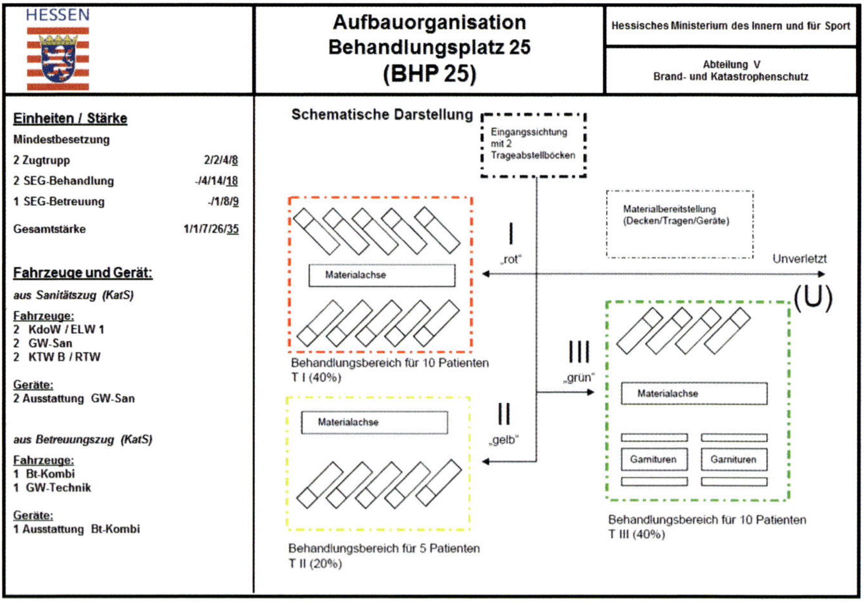

Abb. 4.2.1/4: Aufbauorganisation eines Behandlungsplatzes für 25 Betroffene (Grafik: Hessisches Ministerium des Innern und für Sport (HMdIS))

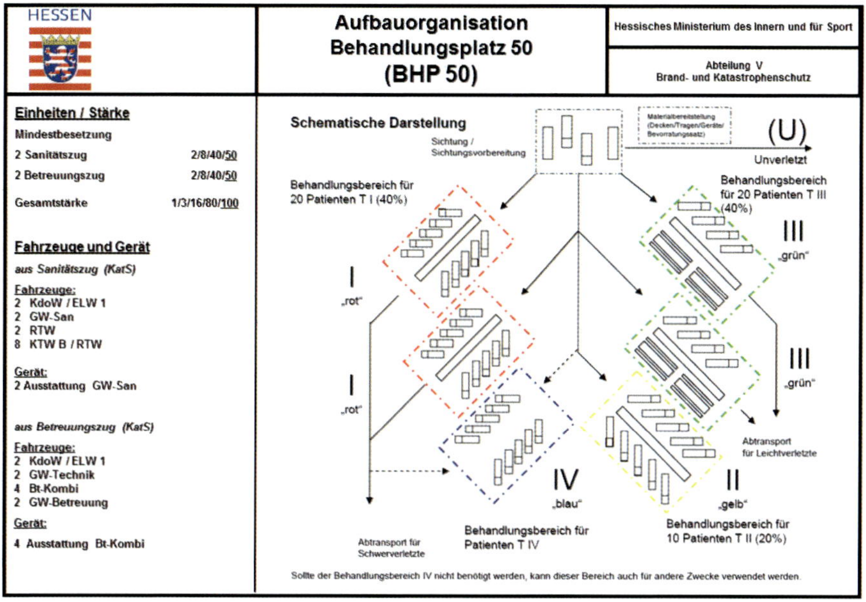

Abb. 4.2.1/5: Aufbauorganisation eines Behandlungsplatzes für 50 Betroffene (Grafik: Hessisches Ministerium des Innern und für Sport (HMdIS))

Neben der Gesamtführung des Behandlungsplatzes, idealerweise als Unterabschnitt der Abschnittsleitung Rettungsdienst, empfiehlt es sich, auch für jeden Behandlungsbereich einen festen Teamleiter einzuteilen.

Im Behandlungsplatz sollen die Patienten nicht nur registriert, sondern auch erstversorgt und möglicherweise über eine längere Zeit betreut bzw. überwacht und auch weiterbehandelt werden.

Beim Entschluss zur Etablierung eines Behandlungsplatzes (weil die rasche Verlegung in Krankenhäuser wegen aktuell mangelnder Versorgungsmöglichkeiten dort bzw. ausreichender Transportmöglichkeiten dorthin nicht möglich scheint) muss daher möglichst zeitnah schon an den Nachschub an materiellen und personellen Ressourcen gedacht werden.

Müssen zum Beispiel im schlimmsten Fall Patienten vor Ort narkotisiert und/oder maschinell beatmet werden, sind die dafür notwendigen Sauerstoffreserven vor Ort möglicherweise rasch aufgebraucht.

Auch eine über längere Zeit bei mehreren Patienten erforderliche Infusionstherapie stößt rasch an die initial vor Ort vorgehaltenen Materialgrenzen.

Der notfallmäßige Nachschub aus einem Krankenhausmagazin oder einer Krankenhausapotheke scheitert immer öfter an der Tatsache, dass viele Krankenhäuser weder über ein Zentrallager für das Material noch über eine eigene Krankenhausapotheke verfügen.

Häufig erfolgt die Belieferung des Stationsbedarfs der einzelnen Krankenstationen mehrmals wöchentlich stationsbezogen durch einen externen Dienstleister, ebenso die Belieferung mit Medikamenten ein- bis zweimal wöchentlich nach entsprechender individueller Bestellung stationsbezogen durch eine externe Vertragsapotheke.

Verschiedene Länder haben daher dezentral entweder an Kliniken der Maximalversorgung oder in den einzelnen Gebietskörperschaften (Landkreise, kreisfreie Städte) eigene Bevorratungssätze für den MANV-Fall etabliert.

Hessen hält zum Beispiel in jedem Landkreis oder jeder kreisfreien Stadt einen so genannten Bevorratungssatz SanKatS vor. Der Satz besteht aus 22 Transportkisten, in denen Material und Medikamente für die Versorgung von hundert Patienten gelagert sind.

Die Kisten sind auf Rolluntersätzen aufgebaut und können damit von einem GW-L der Feuerwehr mit Ladebordwand bequem und rasch vom Lagerort an einen Behandlungsplatz gebracht werden.

Der hessische Satz zeichnet sich dadurch aus, dass auch 100 Ampullen Morphin und 100 Ampullen Fentanyl als Betäubungsmittel für eine wirksame Schmerzbekämpfung vor Ort bevorratet werden.

Größere Material- und Medikamentensätze wurden im Rahmen der Fußball-WM 2006 für die Versorgung von bis zu 1.000 Betroffenen in der Nähe der deutschen Spielstätten zusammengestellt und gelagert, nach der Weltmeisterschaft aber teilweise wieder abgebaut.[1)]

4.2.2 Sichtung

Als Sichtung wird die *„ärztliche Beurteilung und Entscheidung über die Priorität der Versorgung von Patienten hinsichtlich Art und Umfang der Behandlung sowie über Zeitpunkt, Art und Ziel des Transportes“* verstanden

[1)] Deshalb müssen Übersichten regelmäßig überprüft und ggf. aktualisiert werden.

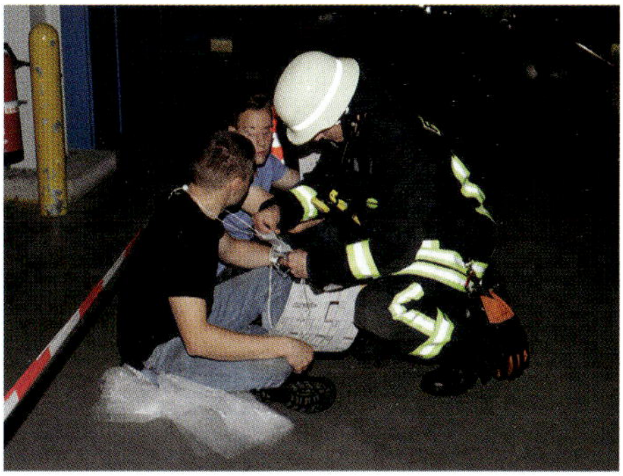

Abb. 4.2.2/1: Erste Sichtungsmaßnahmen durch einen rettungsdienstlich-qualifizierten Feuerwehrangehörigen im Rahmen einer Einsatzübung. (Foto: Truckenmüller, Düsseldorf)

(DIN, 2009). Die Sichtung bildet damit die Grundlage für die Struktur der Patientenablage sowie die anschließende Transportorganisation und ordnet die Patienten so genannten Sichtungskategorien zu.

Die definitionsgemäße Zuordnung dieser prioritären Aufgabe zu ärztlichen Maßnahmen ist allein aufgrund der Verfügbarkeit von Notärzten in der Frühphase an Einsatzstelle in der Regel nicht haltbar und auch nicht zwangsläufig indiziert (vgl. auch Hornburger, 2012), da hierdurch auch zu viel Zeit verloren geht. Um einen eindeutigen Vergleich und damit eine über alle Patienten nachhaltige Priorisierung sicherzustellen, musste die Sichtung entweder von einem Arzt oder unter regelmäßiger Abstimmung der sichtenden Ärzte erfolgen, was mit steigender Patientenanzahl nicht haltbar ist. Dementsprechend gehen viele Kommunen dazu über, die bzw. eine erste Sichtung durch das Rettungsdienstpersonal – in ärztlicher Begleitung – durchzuführen und haben hierfür Algorithmen/Handlungshilfen erarbeitet, um größtmögliche Objektivität und Vergleichbarkeit, aber auch die Einleitung erster lebensnotwendiger Maßnahmen zu erreichen.

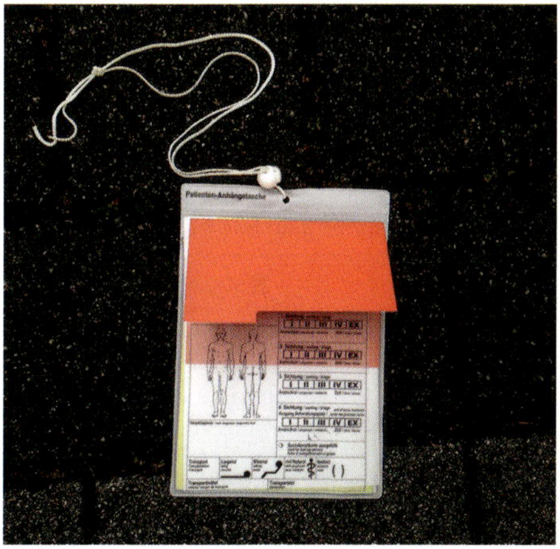

Abb. 4.2.2/2: Kennzeichnung einer (nichtärztlichen) Vorsichtung durch Rettungsdienstpersonal (Beispiel der Feuerwehr Düsseldorf, vgl. Braun, Ritzauer, 2013) (Foto: Tremmel)

Die Feuerwehr München beispielweise wendet dafür das Sichtungskonzept „mSTaRT“ an, das in Anlehnung an das amerikanische STaRT-System entwickelt wurde (Simple Triage and Rapid Treatment). Hierbei geht die sichtende Einsatzkraft mit einem

Handlungsalgorithmus und konkreten Fragestellungen vor, ordnet die Patienten den vorgegebenen geschlossenen Fragen folgend einer Sichtungskategorie zu und führt soweit indiziert erste lebensnotwendige Behandlungsschritte durch.

Andere Konzepte sehen zunächst nur die Einteilung in „rot“ und „nicht-rot“ vor, um die Patienten mit der höchsten Behandlungspriorität „herauszufischen“, gleichzeitig aber auch die anderen als „gesichtet“ zu kennzeichnen. Die Kennzeichnung erfolgt dann häufig zunächst mit weißen und roten Bändern.

Die in Tabelle 4.2.2/1 aufgeführten Sichtungskategorien werden differenziert und zur sofortigen Zuordnung farblich unterschieden (vgl. Sefrin et al., 2003).

Die Zuordnung zu einer Sichtungskategorie bildet, von erforderlichen Sofortmaßnahmen abgesehen, die Grundlage für den weiteren Umgang mit den Patienten.

Die (Erst-)Sichtung soll damit zwei Ziele verfolgen: schnellstmögliche Gesamtübersicht über Zahl der Betroffenen/Verletzten und Verteilung auf die Sichtungskategorien.

Eine schnellstmögliche Sichtung z.B. nach dem mSTaRT-Algorithmus „verbraucht“ pro zu sichtendem Patient, inklusive Kennzeichnung des Gesichteten und evtl. Kurzdokumentation beim Sichtenden mindestens 60 – 90 Sekunden. Daraus folgt, dass ein einzelner Sichter pro Stunde maximal 30 Betroffene sichten kann. Bei 60 Betroffenen (Reisebus) wäre er also zwei Stunden beschäftigt.

Tab. 4.2.2/1: Sichtungskategorien (Tabelle: Tremmel, in Anlehnung an Sefrin, 2003)

Sichtungskategorie	Beschreibung	Konsequenz
I	Akute, vitale Bedrohung	Sofortbehandlung
II	Schwer verletzt/erkrankt	Aufgeschobene Behandlungsdringlichkeit
III	Leicht verletzt/erkrankt	Spätere (ambulante) Behandlung
IV	Ohne Überlebenschance	Betreuende (abwartende) Behandlung
	Tote	

Da die Gesamtübersicht aber für die weitere Lagebeurteilung und nachfolgende Entscheidungen (reicht eine Verletztenablage oder muss ein Behandlungsplatz erstellt werden, reichen die eigenen Rettungsmittel oder müssen möglichst rasch überörtliche Kräfte hinzugezogen werden etc.) existenziell ist, sollten aus den vorhandenen Rettungskräften eine für die eigentliche Erstversorgung und möglicherweise sofort notwenige Transporte benötigte Mannschaft noch verträgliche Zahl an Sichtern herausgelöst werden.

Die Sichtungskategorie IV (blau, abwartende Behandlung) ist ethisch höchst umstritten. Im zivilen MANV-Fall sollte immer die schnellstmögliche individualmedizinische Versorgung angestrebt werden. Daraus folgt, dass in den meisten zivilen Sichtungskonzepten die Kategorie IV fehlt bzw. analog zur schwarzen Kategorie angewandt wird.

Mit anderen Worten: Patienten mit nicht mit dem Leben vereinbaren Verletzungen (Abtrennung des Kopfes, Durchtrennung des Rumpfes, vollständige Zerstörung des Gehirnschädels etc.) werden sofort für tot erklärt, Patienten mit einem Kreislaufstillstand, die potenziell als reanimierbar gelten würden, können bei nicht ausreichenden personellen Ressourcen dann ebenfalls nicht wiederbelebt werden. Alle anderen Verletzten/Betroffenen werden in die drei vorhandenen Sichtungskategorien grün bis rot eingeteilt.

Wichtig ist, die Sichtung als dynamischen Prozess zu verstehen. Patientenzustände können sich nach effektiven Erstmaßnahmen deutlich verbessern (z.B. würde ein Patient mit einer spritzenden arteriellen Blutung zunächst in die Kategorie „rot“ eingeteilt werden, nach Anlage eines suffizienten Druckverbands oder als äußerste Maßnahme einer Abbindung und damit ggf. verhindertem Schock könnte über ein „downgrade“ nach „gelb“ nachgedacht werden) oder auch verschlechtern (Patient mit Atemnot, die auf Sauerstoffgabe nicht besser wird, weil die Ursache ein akuter Herzinfarkt ist, droht reanimationspflichtig zu werden).

Daraus folgt, dass gerade in den Sichtungskategorien gelb und grün, sobald Ressourcen verfügbar sind, eine Zweit- oder Nachsichtung erfolgen sollte.

Ein klassisches Beispiel für einen fatalen Ausgang stellt der Patient mit großflächigen, mehr als die Hälfte der Körperoberfläche umfassenden drittgradigen Verbrennungen dar, der möglicherweise, weil bei Verbrennungen dritten Grades auch die Schmerzrezeptoren mit verbrannt sind, im Schock an der Einsatzstelle umherirrt, und damit als „Laufender“ (kann ja laufen) zunächst in die Kategorie „grün“ eingeteilt würde, obwohl er sicher als „roter“ Patient angesehen werden müsste.

4.2.3 Priorisierung

Der Begriff „Priorisierung“ wird unterschiedlich verwendet: teilweise wird „Priorisierung“ gleichbedeutend mit „Sichtung“, teilweise für die nicht-ärztliche Sichtung verwendet (vgl. auch IDF, 2013). Mitunter wird „Priorisierung“ aber auch im Hinblick auf die Transportmittelzuordnung differenziert betrachtet. Hierbei erfolgt dann eine Differenzierung zwischen Behandlungs- und Transportpriorität und es kommt zu Patientenkategorisierungen „rot-rot“. Durch diese Unterkategorisierung der Sichtungskategorie I sollen besonders transportprioritäre Patienten zusätzlich herausgefiltert und transportiert werden. Die Autoren halten eine solche Vorgehensweise aufgrund der damit einhergehenden Komplexitätssteigerung sowie zusätzlicher Kennzeichnungs- und Nachhaltungserfordernisse für nicht sinnvoll.

Halten Sie Ihr Sichtungskonzept – eng orientiert an den einheitlichen Sichtungskategorien – möglichst einfach und schnell umsetzbar. Führen Sie keine zusätzlichen Transportprioritäten ein. Das spart Zeit und erhöht die Effizienz.

Die Zuordnung eines Patienten zur Sichtungskategorie I muss die schnellstmögliche Rettungsmittelzuweisung bedeuten. Der Transport erfolgt dann – ebenfalls schnellstmöglich – durch das zugewiesene Rettungsmittel, nachdem die Transportfähigkeit hergestellt worden ist. Durch eine objektive Kategoriezuweisung (z.B. über geschlossene Abfragealgorithmen) ist eine zusätzliche Priorisierung im Hinblick auf den Transport nicht nur entbehrlich, sondern auch geschwindigkeits- und damit einsatzerfolgreduzierend.

Hier sei daher noch mal auf die Wichtigkeit einer ausreichenden personellen, fachlich qualifizierten Ausstattung der Verletztenablage oder des Behandlungsplatzes hingewiesen. Der im Kapitel 4.2.1 vorgestellte „Dispatcher/Kümmerer“ kann im Bedarfsfall innerhalb der zu transportierenden Patienten vom Konzept „first in – first out“ abweichen und spontan zusätzlich priorisieren.

4.2.4 Transportorganisation

Die Transportorganisation hat die Aufgabe, die (kategorisierten) Betroffenen zu bzw. aus der oder den Patientenablagen in die für die weitere Behandlung erforderliche Örtlichkeit zu verbringen. Hierbei geht die Aufgabe über den Transport der Patienten mit Rettungsmitteln deutlich hinaus. So ist es erforderlich, die einsatzstelleninternen Transfers, z.B. von der Patientenablage in einen Behandlungsplatz oder aus der Einsatz- in eine Betreuungsstelle zu organisieren.

Dabei muss sich die Transportorganisation in Abhängigkeit von den Einsatzbedingungen Fußtrupps (oder auch Tragetrupps) bedienen, die wiederum idealerweise Fahrtragen verwenden können.

Der für diese Aufgabe gebotene Kräfteansatz muss schon bei der Alarmierung berücksichtigt sein *(vgl. Kap. 3.1)*. Parallel macht das IdF in einer Veröffentlichung deutlich (vgl. IdF NRW, 2013), dass neben dem hohen Kräfteansatz auch ein deutlicher Zeitansatz für etwaige Transporte anzusetzen ist. So hat eine Untersuchung ergeben, dass inklusive Auf- und Ablegen eines Patienten und einem Transportweg von zehn Metern zwischen fünf Minuten (zwei Tragetrupps) und ca. zwei Minuten (fünf Tragetrupps) zum Ansatz zu bringen sind. Für jede weitere Wegstrecke von 10 Metern sollten pauschal 30 Sekunden eingeplant werden (vgl. IdF NRW, 2013).

Abb. 4.2.4/1: Patiententransport innerhalb einer Einsatzstelle mit Fahrtrage, hier stellen schon die verlegten Schläuche auf einem sonst sehr guten Untergrund deutliche Einschränkungen dar. (Foto: Tremmel)

Jede Erleichterung oder Verkürzung durch gute Raumorganisation bietet hier nicht nur bei den Einsatzkräften physische Entlastung, sondern auch Zeitgewinn und damit Steigerung des Einsatzerfolges. So bietet sich bei Einsätzen auf Bahnanlagen der Einsatz von Loren zum Patiententransport an, die dann zeitnah zur Verfügung stehen müssen.

Neben dem einsatzstelleninternen Transport von Betroffenen stellt der Abtransport von behand-

Abb. 4.2.4/2: Patiententransport – hier mit einer Schaufeltrage – ist nicht nur sehr personal- und zeitintensiv, sondern auch für die Einsatzkräfte sehr anstrengend. (Foto: Tremmel)

Abb. 4.2.4/3: Möglichkeit zur Unterstützung des Patiententransports in Einsatzstellen auf Bahnanlagen (Foto: Truckenmüller, Düsseldorf)

lungsdringenden Patienten – insbesondere in der Frühphase von Einsätzen – eine Schwerpunktaufgabe der Transportorganisation dar. Neben einem gut geführten Bereitstellungsraum (An- und Abfahrt von Rettungsmitteln, Logistik, Führungsmittel, Verpflegung, Information von Einsatzkräften, vgl. auch CIMOLINO, Einsatzleiter-Handbuch Feuerwehr, 2015) hat die Ausgestaltung der so genannten Ladezone(n) entscheidende Auswirkungen auf die Einsatzgeschwindigkeit.

Abb. 4.2.4/4: Bereitstellungsraum mit An- und Abfahrtmöglichkeit, im Gegensatz zu einer Ladezone können die Fahrzeuge hier allerdings nicht beladen werden. (Foto: Truckenmüller, Düsseldorf)

Abb. 4.2.4/5: Ladezone im Fischgrätenmuster – das NEF sollte möglichst im Bereitstellungsraum, nicht aber im Bereich der Ladezone stehen. (Foto: Truckenmüller, Düsseldorf)

Die Ladezone(n) muss/müssen zur Vermeidung weiter Transportwege möglichst nah an der bzw. den Patientenablage liegen und zu jederzeit die Abfahrt von einzelnen Rettungsmitteln ermöglichen, denn es ist nicht immer sichergestellt, dass das erste Fahrzeug in der Ladezone auch als erstes Fahrzeug die Ladzone wieder verlassen kann. Dabei muss es auch immer möglich sein, das Fahrzeug mit den Tragen und/oder Medizinprodukten zu be- bzw. entladen. Diese Anforderungen berücksichtigend bietet sich beispielsweise eine Fahrzeugaufstellung im „Fischgrätenmuster“ an, da hierdurch zusätzlich der Platzbedarf gering ist.

Wenn sichergestellt ist, z. B. bei der Räumung eines Krankenhauses oder Altenheimes, dass die Patienten keiner besonderen Transportstabilisierung bedürfen und die räumlichen Begebenheiten es zulassen, können auch mehrspurige Ladezonen eingerichtet werden. Hierfür muss aber sichergestellt sein, dass die ersten Fahrzeuge, die einfahren bzw. eingefahren sind, auch die ersten Patienten übernehmen. Gerade bei vorplanbaren bzw. vorgeplanten Transportorganisationen sollten Sie, wenn es möglich ist, auf bestehende Gebäudestrukturen, wie Hallen, Durchfahrten oder sogar Liegendanfahrten zurückgreifen, um Witterungs- und Sichtschutz und bestmögliches Arbeiten zu ermöglichen.

Für die Transportorganisation bei Räumungen/Evakuierungen von besiedelten Bereichen, wie z. B. Stadtteilen, bei Gefahrenlagen können Sie als groben Faustwert (Krankenhäuser, Pflegeeinrichtungen und Heime ausgenommen) von 1 % nicht gehfähigen Personen in der Bevölkerung ausgehen, die gesondert transportiert/abgeholt werden müssen.

4.2.5 Pufferung und Behandlung

Wie in den vorherigen Kapiteln bereits angedeutet, sind zwei einsatztaktische Extreme in der heutigen Herangehensweise aufgegangen: zum einen die Taktik „load and go", bei der es darum geht, ohne zeitliche Verzögerung die Patienten mit Fahrzeugen (teilweise sogar Massentransporte ohne geeignete Rettungsmittel) in nahegelegene Krankenhäuser zu bringen, was zu deren absoluter Überlastung und damit letztendlich zu vermeidbaren Todesfällen führt. Zum anderen die Taktik „stay and play" – hier werden die Patienten (teilweise unter Verhängung eines Transportstopps) ausführlich an der Einsatzstelle behandelt und erst transportiert, nachdem über alle Patienten eine umfangreiche Sichtung erfolgt ist.

Die heutige Einsatztaktik hingegen muss das Ziel verfolgen, die richtigen Transporte nach Herstellung der Transportfähigkeit schnell durchzuführen und dabei eine Verlagerung des MANV in die umliegenden Krankenhäuser vermeiden. Wie Kapitel 3.1 verdeutlicht, ist zur Erreichung dieses Ziels erforderlich, die individuelle Taktikschwelle zu kennen und die vorliegende Einsatzstelle dementsprechend anzugehen.

Nutzen Sie den Aufbau eines Behandlungsplatzes frühzeitig, wenn er erforderlich ist, lassen Sie ihn nicht aufbauen, wenn es die Patientenanzahl nicht erfordert. Investieren Sie Gerät und Personal dann in den Aufbau der strukturierten Patientenablage(n).

4.2.6 Betreuung

Ob als eigener Einsatzabschnitt oder als Unterabschnitt des Einsatzabschnittes Rettungsdienst geführt, nimmt die Betreuung von unverletzten oder leicht verletzten Betroffenen eine wichtige Rolle in der Einsatzorganisation ein. Zum einen wird letztendlich den gängigen Faustwerten folgend fast die Hälfte der Betroffenen einer Einsatzstelle (unverletzt Betroffene bzw. Patienten der Sichtungskategorie III) hier gesammelt und versorgt. Zum anderen lassen sich in diesem Einsatz(unter)abschnitt weitere wichtige Aufgaben initiieren, wie die namentliche Erfassung und Registrierung von hier konzentrierten

Abb. 4.2.6/1: Übergangsweise Betreuung von unverletzten Betroffenen in einem Bus in Zusammenarbeit mit der Notfallseelsorge (Foto: Truckenmüller, Düsseldorf)

Betroffenen[1], eine soziale Betreuung (psychosoziale Notfallvorsorge (PSNV)) oder je nach Möglichkeiten der Betreuungseinheiten eine Verpflegung auch für die Einsatzkräfte.

Hier müssen Sie in Ihrem Zuständigkeitsbereich die grundsätzliche Leistungsfähigkeit der Betreuungseinheiten kennen. Folgende Rahmenparameter müssen bekannt und bei der Einrichtung einer Betreuungsstelle berücksichtigt sein:

- Wie viele Personen kann die Einheit mit Wahrnehmung welcher Parallelaufgaben (Unterstützungserfordernisse?) in welcher Zeit betreuen?
- Wie kann diese Zeit überbrückt werden (Bereitstellung von Bussen)?
- Welche Infrastruktur benötigt die Einheit (geeignetes Gebäude mit verfügbarem Ansprechpartner (gut anfahrbar, möglichst ebenerdig/barrierefrei), Platzbedarf, Energieversorgung)?
- Über welchen Zeitraum kann die Einheit autark arbeiten?
- Sind für eine Übernachtung zusätzliche Ausstattungen erforderlich (Betten, Decken, Kissen)?
- Ist eine Warmverpflegung möglich und wenn ja welche Bezugsquellen (Getränke-/Lebensmittelgroßmarkt) sind zu organisieren?
- Kann eine Verpflegung von Einsatzkräften ebenfalls erfolgen?

Bei langfristigen/vorplanbaren Einsätzen – hier müssen besondere Personengruppen bzw. besondere Vorhaltungen berücksichtigt werden:

- Säuglinge/Kleinkinder → Babynahrung/Windeln ggf. Spielzeug
- Beschilderung der eingerichteten Unterkunft (ggf. mit Symbolen/mehrsprachig)

[1] Sie müssen auch für die Betroffenen in einem Betreuungsbereich eine Registrierung organisieren (analog zu einem möglichen Rückmeldefax für transportierte Patienten), da eine ggf. eingerichtete Personenauskunftstelle auch auf diese Daten angewiesen ist.

- besondere Hygieneartikel[1)]
- Organisation von Reinigung und Müllentsorgung
- Haustiere → Unterbringung/Verpflegung
- kranke Menschen → Medikamentenbedarfe (Rezeptausstellung) oder Menschen, die auf die Unterstützung von Medizinprodukten angewiesen sind (Heimbeatmungsgeräte, Dosierhilfen für Medikamente)
- unterschätzen Sie auch nicht die Abhängigkeit von Smartphones/Mobiltelefonen: halten Sie Lademöglichkeiten vor und richten Sie – sofern es abbildbar ist – ein WLAN ein
- bilden Sie ein kontinuierliches Informationsmanagement für die Betroffenen ab (einsatz- aber auch unterhaltungsbezogen)

4.3 Einsatzstellenorganisation

In Objektplänen werden oft schon von der Einsatzplanung die Aufstellungsorte von Fahrzeugen bzw. Bereitstellungsräume festgelegt, um einen effektiven Einsatz zu gewährleisten. Dies ist bei der Vorplanung für den MANV nur bei Versammlungsstätten oder Bahnhöfen bzw. Flughäfen etc. möglich. Bei MANV-Einsätzen an anderen Orten ist dies natürlich nicht möglich. Es gibt jedoch einige grundlegende Regeln für die räumliche Aufteilung von Unfallstellen (vgl. KUSTERS, 1998 bzw. CIMOLINO, Absperrbereiche, 1997). Unterweisen Sie alle Einsatzkräfte in der grundlegenden Aufteilung von Einsatzstellen. Dies erleichtert Ihnen den Überblick zu behalten und dient der Sicherheit Ihrer Einsatzkräfte.

4.3.1 Strukturierung der Einsatzstelle

Die Einsatzstelle wird entsprechend der taktischen Struktur gegliedert, die sich natürlich immer an die konkreten Anforderungen[2)] richten muss *(vgl. Kap. 2.3)*.

Eine beispielhafte taktische Struktur zeigt die Abbildung 4.3.1/1.

---

1) Bei Betreuungserfordernissen über mehrere Tage sollten Sie geschlechterspezifische Hygienepacks (Duschgel, Seife, Rasierer, Rasierschaum, Creme, Binden, Kamm, Handtuch, Zahnbürste und Zahnpasta etc.) vorhalten bzw. kurzfristig zusammenstellen können.

2) Natürlich ist dies im Einzelfall bei einem Bus- oder Zugunfall anders als bei der akuten (oder geplanten) Räumung eines Krankenhauses, Alten- oder Pflegeheimes, der Betreuung von Betroffenen während der Räumung eines Wohngebiets wegen eines Bombenfundes, oder für den ad-hoc-Betrieb einer Flüchtlingsaufnahme mit prinzipiell jeweils den gleichen „MANV-Einheiten".

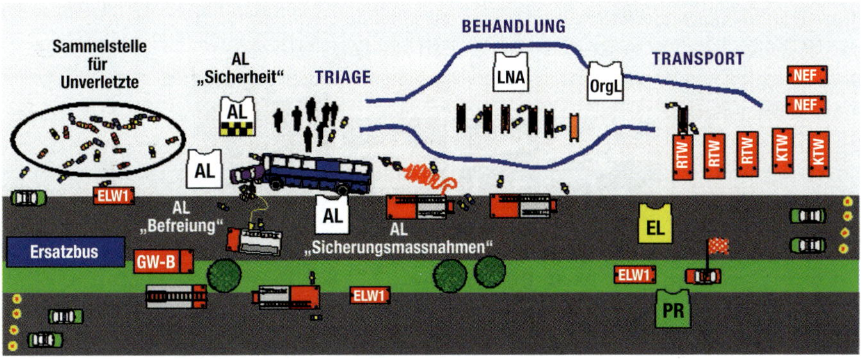

Abb. 4.3.1/1: Mögliche Raumorganisation bei der Abbildung einer MANV-Struktur am Beispiel eines Verkehrsunfalls (Grafik: Dr. Cimolino/Dr. de Vries)

Unter Umständen interessiert sich die Polizei oder die Staatsanwaltschaft für bestimmte Teile der Einsatzstelle. Die Einsatzkräfte sind grundsätzlich verpflichtet, diesen Wünschen nachzukommen. Die Rettungsmaßnahmen haben jedoch absolute Priorität vor Sicherstellungswünschen. Dies wird i.d.R. von der Polizei auch akzeptiert. Trotzdem müssen natürlich Gegenstände der Verletzten oder Toten je nach Lage entweder vor Ort belassen oder sichergestellt bzw. vor „Schwund" geschützt werden. Sprechen Sie dies möglichst frühzeitig mit der Polizei ab.

Hier ist es auch sehr hilfreich, von Anfang an möglichst viele Detailfotografien der Einsatzstelle zu machen! (Diese Fotos sind dann neben der Beweissicherung auch für die Einsatzdokumentation sehr gut zu verwenden.)

Auch für den MANV-Einsatz kann bzw. können eine oder mehrere Geräteablagen der technischen/medizinischen Rettung bzw. rettungs- oder sanitätsdienstlichen Versorgung sinnvoll sein. Ohne solche Ablagen müssen Geräte bzw. Ausrüstungsgegenstände immer erst von den Fahrzeugen geholt oder gar nachalarmiert werden (Zeitverzug). Liegen Geräte unkontrolliert im unmittelbaren Arbeitsbereich oder im Bereich z.B. der Schrottablage einer Technischen Hilfeleistung, können diese verschmutzt und beschädigt werden oder gehen in der Einsatzstelle verloren.

Der vermeintliche Zeitverlust für den Aufbau der Geräteablage ist irrelevant, da der Aufbau in der Erkundungsphase des Einsatzes als Teil einer Check-

Abb. 4.3.1/2: Geräteablage mit Folie zum Schutz der Gerätschaften und schnellen Überblick (Foto: Tremmel)

liste/SER erfolgt und sich an der zeitlichen Reihenfolge der benötigten Geräte orientiert. Es ist wesentlich zeit- und personalintensiver, benötigte Geräte erst im weiteren Verlauf vom Fahrzeug zur Einsatzstelle zu holen.

Die medizinische bzw. rettungsdienstliche Geräteablage in einem akuten MANV-Einsatz beinhaltet alle notwendigen medizinischen Geräte wie Notfallkoffer, EKG/Defibrillator, Beatmungsgerät und Trage. An der medizinischen Geräteablage sollte ein Mitarbeiter des Rettungsdienstes bereitstehen, um Medikamente und Infusionen vorzubereiten und dann abzugeben.

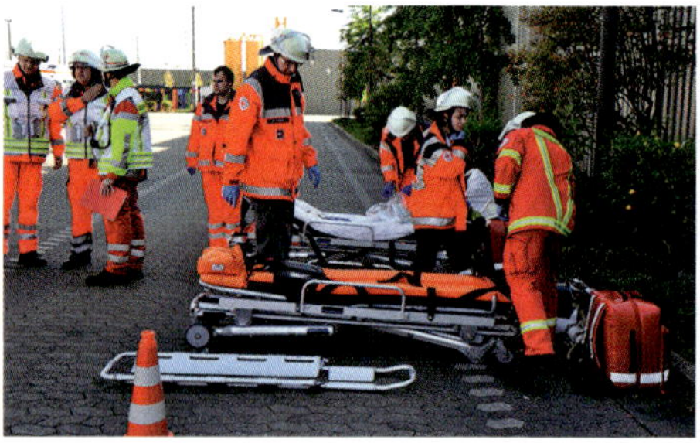

Abb. 4.3.1/3: Medizinische Gerätebereitstellung – hier bietet sich die Nutzung von Fahrtragen für die Zusammenstellung und den Transport an. (Foto: Truckenmüller, Düsseldorf)

Der Absperrbereich („**Grüne Zone**") soll je nach Lage und Gegebenheiten einen Bereich von mindestens 100 m umfassen und durch die Polizei abgesperrt werden. Innerhalb dieses Bereiches befinden sich die Einsatzstelle selbst, die Aufstellbereiche, die Verletztenablagen, der Behandlungsplatz usw. Berücksichtigen Sie hierbei An- und Abfahrtserfordernisse (Ladezone) und halten Sie diese konsequent frei *(vgl. Kap. 3.1)*.

Natürlich können auch Hilfsmittel benutzt werden, um z.B. klar die Positionierung von Zelten oder Abrollbehältern vorzugeben. Hierfür kann beispielsweise Sprühfarbe benutzt werden, die im Rahmen eines zweiten[1] Erkundungsdurchlaufs schnell auf der Bodenoberfläche angebracht werden kann. Natürlich muss das Verfahren dann auch allen – also auch denen, die Geräte bzw. Fahrzeuge bringen und aufstellen sollen – bekannt sein *(vgl. Kap. 3.5)*.

4.4 Besondere Gefahren

Je nach konkreter Einsatzlage kann es natürlich auch im MANV eine Vielzahl an weiteren Gefahren oder Gefährdungen geben. Am Beispiel des bekannten Schemas der Gefahren der Einsatzstelle seien hier einige für den MANV speziell zutreffende herausgegriffen (vgl. Cimolino, Einsatzleiter-Handbuch Feuerwehr, 2015). Grundsätzlich sollten Sie immer durch konsequentes Durchlaufen des Führungskreislaufs eine Adhoc-(Gefährdungs-)Beurteilung durchführen und die erforderlichen Einsatz-, aber auch Schutzmaßnahmen ableiten und deren Wirksamkeit überprüfen.

■ Absturz

Insbesondere bei Einsätzen im bergigen Gebiet, aber auch auf Brücken oder anderen hohen Objekten besteht für Einsatzkräfte und Betroffene ggf. eine Absturzgefahr, der mit Sicherungsmaßnahmen (am Objekt bzw. den betroffenen Personen) von Anfang an und ggf. der Nachalarmierung spezieller Einsatzkräfte begegnet werden muss (vgl. Werft, 2009). So ist diese Gefahr auch schon bei Rettung aus Bussen, Zügen oder Flugzeugen relevant und kann z. T. deutlich zeitverzögernde Konsequenzen haben.

[1] Im Rahmen der ersten Erkundung wird das erfahrungsgemäß kaum (zeitlich) möglich sein.

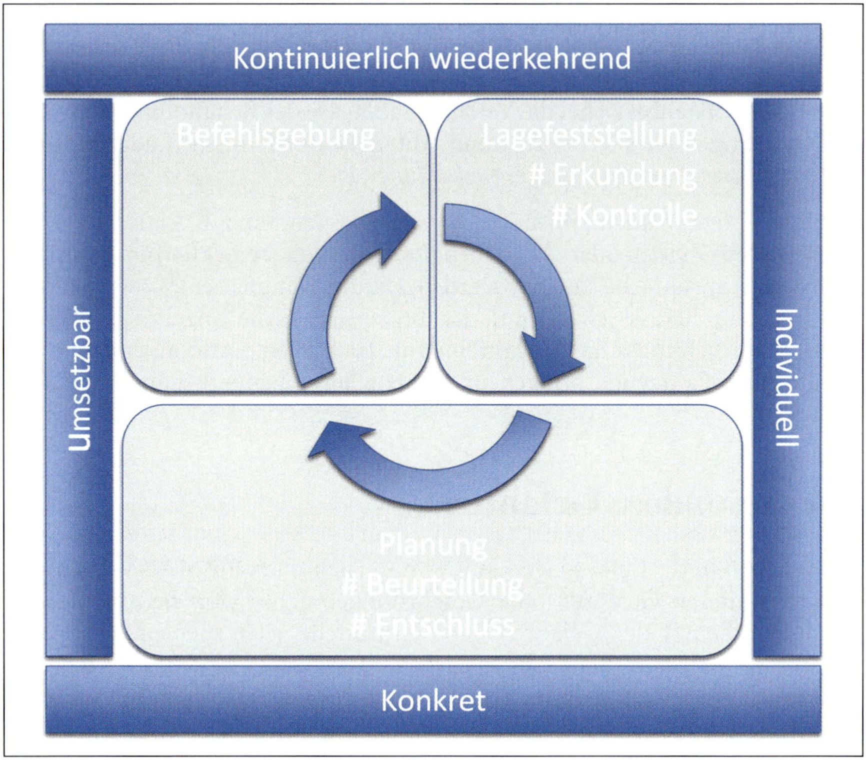

Abb. 4.4/1: Führungsvorgang in Anlehnung an die FwDV 100 (Grafik: Tremmel)

■ Angstreaktion

Gerade bei MANV-Einsätzen muss man mit einer erheblichen Anzahl an traumatisierten Betroffenen rechnen und sich ggf. auch in der Folge auf von einer posttraumatischen Belastungsstörung betroffene Einsatzkräfte einstellen.

■ Atemgifte

Natürlich können auch im MANV Betroffene und Einsatzkräfte von Atemgiften gefährdet werden. Dies kann auch Ausgasungen an bzw. von kontaminierten Patienten betreffen! Entsprechende PSA und auch die Ausbildung bzw. gesundheitliche Eignung der Einsatzkräfte, diese (z.B. auch Filtergeräte[1]) nicht nur zur eigenen Flucht benutzen zu dürfen, gehört zur richtigen Einsatzvorbereitung (vgl. Cimolino, 1999–2011).

■ Atomare Strahlung/Radioaktivität

Die Probleme daraus sind einsatzbedingt offenkundig. Bei Verdacht ist rechtzeitig mit entsprechender PSA und Messtechnik zu reagieren!

■ Ausbreitung

Wird auf den MANV gerade im ländlichen Bereich oder bei ABC-Lagen oder vielen infizierten Patienten falsch reagiert, kann sich das Problem (zu viele bzw. kontaminierte Patienten) schnell auf die Krankenhäuser und ggf. auch über die Transportmittel weiter ausbreiten.

■ Biologische Gefahren

Vor allem die Infektionsgefahren sind gerade im MANV-Einsatz nicht zu unterschätzen. Hier muss mit entsprechender PSA (z. B. Handschuhe, Mund-, Augenschutz, Desinfektion etc.) lagebedingt reagiert werden. Als Prophylaxe sei auf die einschlägigen Vorsorgemaßnahmen (Impfungen) für die Einsatzkräfte verwiesen.

■ Chemische Gefahren

Bei Anwesenheit gefährlicher Chemikalien muss mit entsprechender PSA und richtiger Dekontamination (auch der Patienten) geplant und vorgegangen werden. Lebensrettende (Sofort-) Maßnahmen gehen grundsätzlich vor Dekontaminationsmaßnahmen – bei Dekontaminationsmaßnahmen sind jedoch immer die zeitlichen „Verzögerungen" einzuplanen.

■ Erkrankung/Verletzung

Wie bei allen Einsätzen besteht eine latente Gefahr für die Einsatzkräfte und Patienten durch vielfältige externe Einflüsse bzw. weitere Gefahren oder Gefährdungen.

---

[1]) Setzt für den geplanten Einsatz mindestens die G 26.2 voraus.

Abb. 4.4/2: Vorgeschalteter Verletzten-Dekontaminationsbereich vor einer Ladezone – logistisch und zeitlich aufwendig (Foto: Truckenmüller, Düsseldorf)

■ Ertrinken

Bei Hochwasser oder bei einem Einsatz auf Schiffen oder unmittelbar an[1] oder über[2] dem Wasser besteht grundsätzlich die Gefahr des Ertrinkens, dem mit entsprechender PSA (z. B. Schwimmwesten, Absturzsicherungsmaßnahmen, Rettung aus der Gefahr) begegnet werden muss.

■ Explosion

Kam es aufgrund einer Explosion zu einem MANV besteht in einigen Fällen die Gefahr einer Folgeexplosion – das ist insbesondere bei Einsätzen mit terroristischem/unklarem Hintergrund immer zu berücksichtigen.

■ Einsturz

Kommt es in einem Gebäude zu einem Schadensereignis bei dem tragende Elemente betroffen wurden, kann es auch während der Rettungsarbeiten zu einem Einsturz kommen, dem VOR oder während der laufenden Rettungs-

[1] Zum Beispiel Uferböschung.

[2] Zum Beispiel auf Brücken.

arbeiten begegnet werden muss, indem z. B. Absicherungs-/Abstützungsmaßnahmen ergriffen werden.

■ Elektrizität

Einsätze mit vielen Verletzten aufgrund z. B. eines Schadensfalls an einer (Bahn-)Hochspannungsleitung oder nach Blitzschlag können bei nicht abgestellter Gefahr auch weitere Personen und die Einsatzkräfte betreffen.

Auch bei Ausfall von Elektrizität können sich schnell Schadenslagen mit MANV-Charakter entwickeln, wenn z. B. verschiedene Patienten in der „Zu-Hause-Pflege“[1] oder in Palliativhäusern binnen kurzer Zeit zu echten Rettungsdiensteinsätzen werden, oder weil es zu Problemen mit der Notstromversorgung in Krankenhäusern kommt und dann schnell viele Patienten verlegt werden müssen.

Sie müssen aber beachten, dass ein „Checksystem für Gefahren der Einsatzstelle“ niemals alle Gefahren oder gefährlichen Einflüsse berücksichtigen kann.

[1] In einer sogenannten „Pflege-WG“ können sich dabei durchaus mehrere lebensbedrohlich erkrankte Patienten befinden!

5 Anhang

5.1 Glossar

Bereitstellungsraum	Eine Stelle, an der Einsatzkräfte und Einsatzmittel für den unmittelbaren Einsatz gesammelt, gegliedert und bereitgestellt oder in Reserve gehalten werden.
Einsatzplan MANV	Ereignisspezifisches und individuelles Dokument einer Gebietskörperschaft, das die Risikoanalyse, die vorgeplanten sowie durchzuführenden Gefahrenabwehrmaßnahmen und die zu bedienenden Schnittstellen im MANV-Einsatz beinhaltet.
Krankenhauseinsatzplan	Auf externe und interne Gefahrenlagen abgestimmtes Dokument zur ereignisorientierten Anpassung der Versorgungslage, Abbildung einer besonderen Aufbauorganisation sowie Beschreibung der zu bedienenden Schnittstellen.
Ladezone	Die Ladezone ist ein Ort, an dem Transportmittel vorübergehend abgestellt werden, um Patienten aus einer Patientenablage oder einem Behandlungsplatz für einen Transport aufzunehmen. Sie ist organisatorisch dem Unterabschnitt Transportorganisation unterstellt und so zu gestalten, dass ein jederzeitiges An- und Abrücken aller Fahrzeuge gewährleistet wird (IdF NRW, 2013).
Leitender Notarzt	Notarzt, der am Notfallort bei einer größeren Anzahl Verletzter/Erkrankter sowie auch bei anderen Geschädigten/Betroffenen oder bei außergewöhnlichen Ereignissen alle medizinischen Maßnahmen in Abstimmung mit dem organisatorischen Leiter zu leiten hat, über eine entsprechende Qualifikation verfügt und von der zuständigen öffentlichen Stelle berufen wird (DIN, 2009).

load and go	Beschreibung für die Transporttaktik unterhalb der Taktikschwelle *(vgl. Kap. 3.1)*, bei der die Patienten nur lebensnotwendig behandelt werden und möglichst schnell in ein Krankenhaus transportiert werden.
Massenanfall von Verletzten	Ein Notfall mit einer größeren Anzahl von Verletzten oder Erkrankten sowie anderen Geschädigten oder Betroffenen, der mit der vorhandenen und einsetzbaren Vorhaltung des Rettungsdienstes aus dem Rettungsdienstbereich nicht bewältigt werden kann (DIN, 2013).
Organisatorischer Leiter Rettungsdienst	Führungskraft, die am Notfallort bei einer größeren Anzahl Verletzter, Erkrankter sowie auch bei anderen Geschädigten oder Betroffenen oder bei außergewöhnlichen Ereignissen alle organisatorische Maßnahmen in Abstimmung mit dem leitenden Notarzt zu leiten hat, über eine entsprechende Qualifikation verfügt und von der zuständigen öffentlichen Stelle berufen wird (DIN, 2009).
Reserven[1)]	Taktische Reserve: Fahrzeuge sind mit der nötigen Ausrüstung fertig bestückt, verfügen aber über keine fest geplante Besatzung. Diese muss über spezielle Verfahren, z.B. Alarmierung SEG (Rettungsassistenten) oder Außerdienststellung HLF der BF, erst „geschaffen" und ggf. zum Abstellort der Fahrzeuge gebracht werden. Technische Reserve: Fahrzeuge sind mit der nötigen Ausrüstung i.d.R. nicht bestückt, sondern dienen als Ausfallersatz bei technischen Defekten. Sollen sie zusätzlich in Dienst genommen werden, müssen sie i.d.R. erst noch bestückt und mit einer Besatzung versehen werden.

1) Hier sind nicht die bei größeren Einsätzen zu bildenden taktischen Reserven im Einsatz gemeint!

Rettungsmittel-haltеplatz	Der Rettungsmittelhalteplatz kann im Einsatzabschnitt Rettungsdienst eingerichtet werden, um die Beschickung der Ladezone im Rahmen der Transportorganisation zügig und abschnittsinhärent durchzuführen. Bei kurzen Wegen und kompakten Einsatzstellen kann die Ladezone auch direkt aus dem Bereitstellungsraum der Einsatzstelle beschickt werden.
Sammelraum	Ein Sammelraum ist eine vorgeplante und infrastrukturell geeignete Örtlichkeit einer Gebietskörperschaft, die dafür vorgesehen ist, (überörtlich) alarmierte Kräfte in größerem Umfang zusammenzuführen und von dort aus abzurufen und Einsatzstellen zu beschicken.
STaRT/mSTaRT	Initial aus dem amerikanischen Raum (simple triage and rapid treatment) stammender Sichtungsalgorithmus für Einsatzkräfte zur schnellen und einheitlichen Definition der jeweiligen Sichtungskategorie. Der Sichtungsalgorithmus wurde, wie z. B. von der Feuerwehr München (mSTaRT), von verschiedenen Gefahrenabwehrbehörden angepasst.
„stay and play“	Beschreibung für die Pufferungstaktik oberhalb der Taktikschwelle *(vgl. Kap. 3.1)*, bei der die Patienten ausführlich, ggf. in einem Behandlungsplatz (Pufferung), behandelt werden, um anschließend transportiert zu werden.
Strukturierte Patientenablage	Eine strukturierte Patientenablage ist eine Sammelstelle für Patienten in bzw. an einer Einsatzstelle, die so aufgebaut ist, dass ein zügiger Transport der entsprechend gesichteten und nach Sichtungsergebnis angeordneten Patienten erfolgen kann und bis zum Transport eine Behandlung der Patienten mit möglichst geringem personellem Aufwand möglich ist. Eine durch die Einsatzbedingungen gegebene Gefährdung der Patienten ist durch die Anordnung der Patientenablage möglichst auszuschließen.

Ticketsystem	Ein die Sichtungsergebnisse aufnehmendes zeitoptimiertes System zur Unterstützung der Transportorganisation, bei dem den Patienten durch vorbereitete Aufkleber („Tickets") einem auf ihre Sichtungskategorie abgestimmten Krankenhaus zugewiesen werden und gleichzeitig über die Patientenaufkleber aus der Patientenanhängekarte auf dem Ticketbogen eine Transportnachhaltung erfolgt *(vgl. Kap. 3.1)*.

5.2 Übersicht überörtlicher Konzepte für den Rettungsdienst in NRW

Tab. 5.2/1: Überörtliche Konzepte für den Rettungsdienst in NRW (Tabelle: Tremmel)

Einheit	Aufgabe	Zusammensetzung	Zeitansatz	Ausrüstung/ Besonderheiten
Einsatzeinheit NRW	Erstversorgung von 25 Patienten der Kategorien II/III Betreuung von 250 Unverletzten für 4 h	Führungstrupp [1/1/2/4] Sanitätsgruppe [1/1/8/10] Betreuungsgruppe [0/4/11/15] Techniktrupp [0/1/3/4] **[2/7/24/33]**[1)]	1 h Vorlauf, Anfahrts-, Rüst- und Einsatzzeit sind lageabhängig	• 1 Führungskombi • 1 Gerätewage Sanität • 2 KTW • 2 Betreuungskombi • 1 Betreuungs-LKW • 1 Technikkombi • 2 Anhänger (Betreuung/Technik)
Behandlungsplatzbereitschaft	Notfallmedizinische Versorgung von 50 Patienten in 1 h Materialvorhaltung für 100 Patienten Dokumentation und Transportorganisation der Patienten	Führungspersonal + Notärzte + 2 Einsatzeinheiten **[16/14/86/ 116]**	kurzfristiger Vorlauf, Anfahrtszeit lageabhängig, Rüstzeit ca. 45 min, Einsatzzeit 4 h autark	• 1 KdoW • 1 ELW 2 • 1 AB MANV • NEF • 2 Einsatzeinheiten • Platzbedarf ca. 2.000 m^2
Betreuungsplatzbereitschaft	Betreuung von 500 Unverletzten Begrenzte sanitätsdienstliche Versorgung	Führungspersonal + 2 Einsatzeinheiten **[5/17/50/72]**	kurzfristiger Vorlauf, Anfahrtszeit lageabhängig, Rüstzeit ca. 1 h, Einsatzzeit 4 h autark	• 1 KdoW • 1 ELW • 2 Einsatzeinheiten • Infrastruktur, Lebensmittel und Verbrauchsgüter zusätzlich erforderlich

1) Da diese Angaben so nicht mit jedem Dateneingabe- bzw. -übertragungsgerät möglich sind und es bei schlechtem Ausdruck zu Missverständnissen kommen kann, empfiehlt Cimolino, 2010, hier auch die Schreibweise 16/14/86 = 116, die unmissverständlich ist und sich mit allen Tastaturen bzw. Medien darstellen lässt.

Tab. 5.2/1: Überörtliche Konzepte für den Rettungsdienst in NRW (Tabelle: Tremmel) (*Forts.*)

Einheit	Aufgabe	Zusammensetzung	Zeitansatz	Ausrüstung/ Besonderheiten
Patiententransportzug-10	Transport von mindestens 10 Patienten (4 Kat. I, 2 Kat. II, 4 Kat. III)	Führungspersonal + KTW-Besatzungen + RTW-Besatzungen **[2/1/17/20]**	1 h Vorlauf, Anfahrts- und Einsatzzeit sind lageabhängig	• Führungsfahrzeug • 4 RTW • 4 KTW • (ggf. NEF) • bei 2 der KTW erfolgt eine planmäßige Belegung mit 2 Patienten • 2 Notärzte für die Versorgung der Patienten
Schnelleinsatzgruppe Sanität	Erstversorgung von 12 Patienten der Kategorie II und III In Kombination mit ÜMANV-S: Versorgung von 4 Kat. I-, 4 Kat. II- und 8 Kat. III-Patienten	Führungstrupp [1/1/2/4] Sanitätsgruppe [0/1/9/10] **[1/2/11/14]**	30 min Vorlauf, Anfahrts-, Rüst- und Einsatzzeit sind lageabhängig	• s. Sanitätskomponente der Einsatzeinheit • Strukturen können nach örtlichen Konzepten abweichen
Schnelleinsatzgruppe Betreuung	Betreuung von 100 Unverletzten	Führungstrupp [1/1/2/4] Betreuungsgruppe [0/1/14/15] **[1/2/16/19]**	30 min Vorlauf, Anfahrts- und Rüstzeit sind lageabhängig, Einsatzzeit 4 h autark	• s. Betreuungskomponente der Einsatzeinheit • Strukturen können nach örtlichen Konzepten abweichen
ÜMANV-S	Soforthilfe aus dem Regelrettungsdienst	(Führungspersonal), NEF-Besatzung 2 RTW-Besatzungen KTW-Besatzung **[1/0/7/8]**	kein Vorlauf, Anfahrts- und Einsatzzeit lageabhängig	• Kräfte stammen aus dem jeweiligen Regelrettungsdienst der entsendenden Gebietskörperschaft

5.3 Beispiel für eine funktionsorientierte Checkliste

Checkliste			
Organisation:			
Einsatzfunktion	Einsatzabschnittsleiter Rettungsdienst	Bemerkungen:	
Übergeordnete Funktion	Einsatzleiter		
Unmittelbar nachgeordnete Funktion(en)	Einsatzunterabschnittsleiter Patientenablage Transportorganisation (Behandlungsplatz) (Betreuung)		
Kommunikation:			
Führungskanal/ -gruppe:	50 W/U	Fax Einsatzleitung:	0123/4567-89
Einsatzabschnitts-/ Arbeitskanal:	20 W/U	Telefon Einsatzleitung:	0123/4567-0
Weitere Arbeitskanäle: *(Nutzung nur in Abstimmung mit der Einsatzleitung!)*	53 W/U; 23 W/O	Weitere Nummern:	
Vorbereitete Arbeitshilfen:			
Ticketbögen, Patientenanhängekarten, STaRT-Bogen			

Checkliste		
Aufgabenwahrnehmung:		
Aufgabe:	Erledigungsvermerk/ Bemerkung:	
Einsatzübernahme vom ersteintreffenden RA NEF		
Abstimmung und Festlegung der Raumorganisation		
Etablierung der Kommunikationsstruktur im Einsatzabschnitt		
Organisation und Kennzeichnung der Einsatzunterabschnitte		
Bildung bzw. Kontrolle der Patientenablage(n)		
Organisation des Patientenmanagements (Sichtung, Verwendung des Ticketsystems, Dokumentation) in Abhängigkeit von der Taktikschwelle		
Abstimmung und Etablierung der Transportorganisation mit dem eingesetzten Einsatzunterabschnittsleiter		
Bei erforderlicher Puffertaktik: Organisation der Einrichtung eines Behandlungsplatzes		
Organisation der Einrichtung einer Betreuungsstelle		
Vorbereitung der Lage für Lagebesprechungen		
Notizen:		
Datum:	Version:	

Abkürzungsverzeichnis

AAO	Alarm- und Ausrückeordnung
ÄRLD	Ärztlicher Leiter Rettungsdienst
BF	Berufsfeuerwehr
BHKG	Gesetz über den Brandschutz, die Hilfeleistung und den Katastrophenschutz
BHP	Behandlungsplatzbereitschaft
BTB	Betreuungsplatzbereitschaft *(vgl. Kap. 5.2)*
CEN	Comité Européen de Normalisation (Europäisches Komitee für Normung)
BHP	Behandlungsplatz
DIN	Deutsches Institut für Normung
EA	Einsatzabschnitt
EAL	Einsatzabschnittsleiter
EE	Einsatzeinheit *(vgl. Kap. 5.2)*
EL	Einsatzleiter
ELW	Einsatzleitwagen
FSHG	Gesetz über den Feuerschutz und die Hilfeleistung
FuG	Funkgerät
GW San	Gerätewagen Sanität
HLF	Hilfeleistungslöschgruppenfahrzeug
i.d.R.	in der Regel
IdF NRW	Institut der Feuerwehr Nordrhein-Westfalen
IG NRW	Informationssystem Gefahrenabwehr Nordrhein-Westfalen
IuK	Information und Kommunikation
KHEP	Krankenhauseinsatzplan

KTW	Krankentransportwagen
LNA	Leitende Notarzt
MANV	Massenanfall von Verletzten
NAW	Notarztwagen
NEF	Notarzteinsatzfahrzeug
NRW	Nordrhein-Westfalen
OrgL	Organisatorischer Leiter Rettungsdienst
PSNV	Psychosoziale Notfallvorsorge
PTZ-10	Patiententransportzug für zehn Patienten *(vgl. Kap. 5.2)*
RTW	Rettungswagen
SEG	Schnell-Einsatz-Gruppe
STaRT	Simple Triage and Rapid Treatment
UEAL	Untereinsatzabschnittsleiter
ÜMANV-S	Vorgeplante Überörtliche Soforthilfe für einen MANV-Einsatz in NRW *(vgl. Kap. 5.2)*

Literaturverzeichnis

ADAMS, H.; KRETTEK, C.; LANGE, C.; UNGER, C. (Hrsg.): Patientenversorgung im Großschadens- und Katastrophenfall: Medizinische und organisatorische Herausforderungen jenseits der Individualmedizin, Deutscher Ärzte-Verlag, Köln, 2014

AGBF NRW/VdF NRW: Schutzziele, Organisation, Führung und Taktik der medizinischen Rettung beim Massenanfall von Verletzten oder Erkrankten, Grundlagendokument MANV, Düsseldorf, 06.06.2012

BRAUN, BERND; RITZAUER, MARCUS: Feuerwehr Düsseldorf optimiert den Patientenabtransport beim MANV – Ein Ticketsatz beschleunigt den Transport ins Zielkrankenhaus, Fachartikel in Brandschutz – Deutsche Feuerwehrzeitung, Verlag W. Kohlhammer, Stuttgart, 03/2013

Bundesamt für Bevölkerungsschutz und Katastrophenhilfe: Kurzbeschreibung Dynamische Patientensimulation, Bonn, 2012

Bundesamt für Bevölkerungsschutz und Katastrophenhilfe: Kurzbeschreibung Führungs-Simulation MANV, Bonn, 2012

CIMOLINO, Dr. ULRICH: Analyse der Einsatzerfahrungen und Entwicklung von Optimierungsmöglichkeiten bei der Bekämpfung von Vegetationsbränden in Deutschland, Bergische Universität Wuppertal, 2014

CIMOLINO, Dr. ULRICH (Hrsg.): Einsatzleiter-Handbuch Feuerwehr, ecomed Verlag, Landsberg, Stand: 2015

CIMOLINO, Dr. ULRICH (Hrsg.): Einsatzstellenkommunikation bzw. Kommunikation im Einsatz, Reihe Einsatzpraxis, ecomed Verlag, Landsberg, 2000 bis 2008

CIMOLINO, Dr. ULRICH (Hrsg.): Führung in Großschadenslagen, Reihe Einsatzpraxis, ecomed Verlag, Landsberg, 2010

CIMOLINO, Dr. ULRICH (Hrsg.): Technische Hilfeleistung bei Busunfällen, Reihe Einsatzpraxis, ecomed Verlag, Landsberg, 2001

CIMOLINO, Dr. ULRICH; GRAEGER, ARVID und DE VRIES, Dr. HOLGER: Standard-Einsatz-Regeln (SER), in: Das große Feuerwehrhandbuch, ecomed Verlag, Landsberg, 2003 sowie FFZ, 2003

CIMOLINO, Dr. ULRICH; ZAWADKE, THOMAS: Einsatzfahrzeuge: Typen, ecomed Verlag, Landsberg, 2006

Deutsches Institut für Normung (DIN): Rettungswesen Begriffe, DIN 13050:2009-02, Beuth-Verlag, Berlin, 2009

GRAEGER, ARVID (Hrsg.): Einsatz- und Abschnittsleitung – Das Einsatzführungssystem, Reihe Einsatzpraxis, ecomed Verlag, Landsberg 2003–2009

HORNBURGER, P.: Rettungsdienst und MANV-Einsätze – Konzepte für den Massenanfall von Verletzten am Beispiel der Landeshauptstadt München, Skript zu einem Folienvortrag, München, 2012

Institut der Feuerwehr Nordrhein-Westfalen (IdF NRW): Einsätze mit mehreren Patienten, Lehrunterlage 12-412, Münster Juli 2013

Institut der Feuerwehr Nordrhein-Westfalen (IdF NRW): Katastrophenschutz Nordrhein-Westfalen, Sanitäts- und Betreuungsdienst, Münster, Juni 2015

Institut der Feuerwehr Nordrhein-Westfalen (IdF NRW): Planspielablauf für Zugführer, Lehrunterlage 12-163, Münster, Januar 2008

KANN, D.; LENZ, W.: Das Hessische Krankenhauskataster, in: Patientenversorgung im Großschadens- und Katastrophenfall: Medizinische und organisatorische Herausforderungen jenseits der Individualmedizin, 541–545, Deutscher Ärzte-Verlag, Köln, 2014

Landesregierung Nordrhein-Westfalen: Gesetz über den Rettungsdienst sowie die Notfallrettung und den Krankentransport durch Unternehmer (Rettungsgesetz NRW – RettG NRW), Düsseldorf, 2015

Ministerium für Inneres und Kommunales des Landes Nordrhein-Westfalen: Landeskonzept der überörtlichen Hilfe NRW „Sanitätsdienst und Betreuungsdienst“, 2013

Ministerium für Gesundheit, Soziales, Frauen und Familie: Vorsorgeplanungen für die gesundheitliche Versorgung bei Großschadensereignissen, Runderlass, Düsseldorf, 2004

SEFRIN, P.; WEIDRINGER, J.W.; WEISS, W.: Sichtungskategorien und deren Dokumentation, Einigung von Experten aus Deutschland sowie einigen europäischen Staaten, Konsensus-Konferenz, Deutsches Ärzteblatt 100, Heft 31–32, 2003

SKACHKOVA, MARIYA: Einsatz von Checklisten in der analytischen Qualitätssicherung, Studienarbeit an der Universität Hannover, Juli 2006

WEICH, A.; CIMOLINO, Dr. U.: Kennzeichnung von Führungskräften, Reihe Standard-Einsatz-Regeln, ecomed Verlag, Landsberg, 2010

WEICH, A.; CIMOLINO, Dr. U.; REHBEIN, A.: Absicherung von Einsatzstellen, Reihe Standard-Einsatz-Regeln, ecomed Verlag, Landsberg, 2013

WERFT, W.: Absturzsicherung, ecomed Verlag, Landsberg, 2009